U0894525

# 伊朗，五月的蔷薇

小重山 著

中国青年出版社

# 目录 CONTENS


011 **自　　序** 五月的蔷薇

001 **德 黑 兰**

003 早安，德黑兰

009 波斯帝国的铁血历史

015 镜面装成的皇家记忆

023 世上最昂贵的地下室

028 穿越时空，走进古典波斯

032 邂逅，巴扎里的“有情人”

037 **马什哈德**

039 坐上火车去圣城

042 富人去麦加，穷人去马什哈德

047 礼萨圣陵里的“神仙妹妹”

054 国王的史诗

058 博士居然是蒙古人后裔

061 **内沙布尔**

062 “没去过内沙布尔，就不算真正的旅行家”

065 “我自己就是地狱，就是天堂”

069 那张 30 万里亚尔的罚款单

075 **设 拉 子**

077 五月的蔷薇

085 波斯中古世纪的诗酒风流

092 赞德王朝的新首都

99 一头“骡子”的传奇故事

108 阿契美尼德时期的“四大天王”

114 波斯波利斯

123 “啊，这种交易太不公平”

125 **亚 兹 德**

126 一座黄色的泥巴城

132 “波斯王道”上的古城堡和骆驼驿站

139 善言、善思、善行

144 爬上“摇晃塔”

150 迷失在卡其色的巷子里

159 **伊斯法罕**

160 “伊斯法罕半天下”

166 世界上最漂亮的清真寺

172 “中兴时期”的四十柱宫

176 与毛拉探讨宗教话题

184 “我的灵魂是一只蝴蝶”

192 扎扬黛河上的石头桥

197 如你心中尚存偏见，那么请勿踏上这片土地

199 **大不里士**

201 “开门吧！我只羁留片时”

205 空气里流淌着大选的味道

210 “世界之王”和他的蓝色梦境

215 “她们抽的不是水烟，而是一种存在”

227 诗人的故土，故土的诗人

231 漂亮的阿塞拜疆族姐妹花

234 和波斯人打羽毛球

239 **哈 马 丹**

240 “昼夜是逆旅的门户”

243 米底王国的“藏宝书”

249 黄金城的秘密

254 阿达尔月的忏悔

259 **德 黑 兰**

261 波斯帝国的“喇叭裤”

264 骷髅样的自由女神像

267 半截青铜雕像后面的伊斯兰风云

273 向最高领袖致敬

**附　　录**

277 我的行程单

# 五月的蔷薇

从伊朗旅行归来，整理完照片，赶紧发送给我新结识的那些伊朗朋友。然而，多半没有回复，也不知道他们是否收到。

感谢真主，在哈马丹收留我的大男孩索罗士没有失去联系。现在，我甚至教会他使用微信。九月，索罗士去马哈拉特上大学了，读与石油相关的专业。他出了一次车祸，幸好不算严重，但还是让我担心。索罗士一直关注中国，以及我这个中国朋友，譬如南方的洪水、北方的地震，他都会发邮件问候。他有漂亮的女朋友、胖得可爱的同学。我邀请他来中国旅行，他调侃：“等我来中国的时候，你都要 70 岁了。”

说起来，我在伊朗的时候，正值总统大选前夕，城市街头挂满了宣传画，政治气氛浓厚。其实，对多数伊朗人来说，只要有足够的馕饼享用，政治嘛，就是个玩意儿，让那些熟读厚黑学的家伙去角逐好了。

哈桑 · 鲁哈尼当选，此君似乎有意缓解和美国的关系，一改内贾德时期的强硬态度，30 年来首次和美国总统直接通话。最近，德黑兰市政发言人说：市内的反美标语和海报属于非法张贴的宣传品——其实就是美国大使馆外墙上的涂鸦。说起来蛮不好意思，我还专程参观了一番。丘吉尔说：“没有永远的朋友，也没有永远的敌人，只有永远的利益。”美国制裁，对伊朗经济造成严重损失，哈桑 · 鲁哈尼任期内，不知能否打破这种僵局？实际上，索罗士就经常抱怨美国和以色列。

好吧，先将政治的事情塞到背包里，姑且回答问题——我们为什么去旅行？

一位资深的“女汉子”说：“生命的长度有限，而宽度，则由你自己决定。”这话是不是极富哲理？旅行嘛，就是拓展生命的宽度，是“见世面”，不用附加太多的深意。所谓“见多识广”，就是这么个理儿。

“如果你心存偏见，请不要踏上这片土地。”还是回到伊朗，先将你脑子里残存的伊朗印象全都格式化了。我的伊朗旅行经历，不仅告诉你一个真实的现代伊朗，而且穿越时空，追寻居鲁士、大流士和阿巴斯的足迹，去看曾经称霸半个世界的古波斯帝国，当年掀起了怎样的历史风云？波斯文化和华夏文明，如此相像，如此陌生，它们有着怎样的联系？漫长的古丝绸之路，穿过沙漠，进入呼罗珊，经过亚兹德、伊斯法罕、哈马丹，一直到达罗马，这其间又穿插了多少鲜为人知的爱恨情仇和慷慨悲歌？

德黑兰的穆罕默德；马什哈德的大胡子礼萨和出租车司机莫特扎；亚兹德的比纳姆；伊斯法罕的穆罕默迪；大不里士的阿拉什和阿塞拜疆族姐妹花；哈马丹的米兰德和半夜收留我打地铺的索罗士……记忆就像黑白老电影，仿佛又来到伊朗高原，蚀刻的群山、蜿蜒的公路、精美的寺院、巍峨的宫殿、繁华的巴扎、悠久的历史、虔诚的宗教、漂亮的美女，波斯风情，怎一个“神秘”了得？

一位旅人感叹：“伊朗是世上最让人安心的国家。”不信？请接着往下看！

小重山　　甲午花城

# *Tehran* 德黑兰

这波斯美女指着显示屏里她自己的相片问我："这位美女是不是很漂亮？"我笑着说："非常漂亮。""你喜欢么？""当然，你愿意随我回中国么？"她笑得打跌。

◇上：从火车站出来，被热心的波斯人送到最近的舒什地铁站。有时，看似迎面而来，却又擦肩而过。
◇下：地铁站偶遇的伊朗朋友，这家伙给我一个棒棒糖。女士们来到伊朗，着装也要符合伊斯兰教规。

# 早安，德黑兰

我曾在世界四方长期漫游，
与形形色色的人共度春秋，
在任何角落都未空手而归，
从每个禾垛拾取谷穗一束。

—— 萨迪

邻座的伊朗人碰了碰我的胳膊，我努力睁开眼睛，啊！原来已是早餐时间。

马汉航空（Mahan Air）公司的空姐高鼻深目，明眸朱唇，头戴黑色纱巾，顾盼之间，确是充满波斯风情。早餐比较简单，带着玫瑰香味儿的红茶，还有面包、芝士、橙汁、果酱等。航班上以中国人居多，但我身边是位伊朗男士，头发花白，颇有风度。我问：“您什么时候回中国？”答：“我住在德黑兰，目前没有计划再去中国。”

广州到德黑兰（Tehran）的首次航行比原计划延后了 1 个月，错过了卡尚（Kashan）的玫瑰节，我深以为憾。广州有许多波斯商人，我以为他也订了便宜的往返票，故有此问。他很绅士地微笑：“欢迎到伊朗旅行！”

凌晨五点，空中巴士降落到德黑兰新国际机场。乘客们突然活跃起来，争相挤到机舱走廊里。

真主啊！生平第一次飞这么长时间，腿脚似乎成了多余的零件，身体僵硬如标本。一夜翻来覆去，几乎未曾入眠。旅客们鱼贯走出机舱，空姐站在机舱门口，笑容可掬，右手贴于左胸，略欠上身，为每位旅客送上软绵绵的道别和祝福。

新机场位于市区以南 55 公里处，叫伊玛目霍梅尼（Imam Khomeini）国际机场，于 2004 年建成并投入使用，以伊朗前最高领袖霍梅尼（Ruhollah Musavi Khomeini）命名，好让世界人民经常念叨他。2008 年以前，这座机场由伊朗航空公司管理，如今被伊斯兰革命卫队接手，是伊朗最主要的国际空港。原来的梅赫拉巴德（Mehrabad）老机场，则转而为伊朗国内航班服务了。

看到披着黑色罩袍的伊斯兰妇女从身边走过，恍如梦境，我就这样踏上了中东的土地？世人眼中的是非窝、导火索？

机场并无特别。不过，入境处的工作人员长得幽默，像极了喜剧演员，肥而圆的身躯几乎要撑破紧绷的制服。他将我的护照从头翻到尾，问我去哪里、住什么地方——突然记起电影《逃离德黑兰》中的紧张气氛。要去的城市我当然说得出名字，可谁能记住那些拗口的酒店名呢？何况我根本没有预订，只好递上打印出来的英文资料，他拿到隔壁核实一番，才盖上章子。我去过的国家不多，更没到过伊朗人敏感的以色列（Israel）和美国，为什么要特别盘问呢，难道我这满脸的老实相在伊朗行不通？有位栀子小姐去过以色列，工作人员把她带到小房子里盘问一番，并将以色列签证页复印备案后才放她入境。

看到印戳上的日期——1392 年 3 月 19 日，难道我穿越到中世纪？非也，伊朗人还在使用他们自己的太阳历呢。

波斯历法（Gahshomari-ye Irani）以春分为新年肇始，一年的前 6 个月每月 31 天，接下来的 5 个月每月 30 天，最后 1 个月平年 29 天，闰年 30 天。这可不是随意划分的，地球沿椭圆形轨道公转，北半球的春夏接近远日点，绕太阳运行速度比秋冬时分慢，所以前 6 个月为 31 天。不要以为波斯历法和我们没啥关系，全世界打工族能睡到自然醒的“太阳日”（Sunday），就来自波斯人用七种星球给一周每天命名的传统。

好吧，在清晨的第一缕阳光里，以真主的名义，开始我的伊朗之旅。有人说出境大厅兑换处汇率低，入境大厅更划算，便和几个中国游客到入境大厅二楼换钱。“Exchange”亭里坐着一男一女，小窗紧闭，还不到营业时间。

不远处有对衣着时尚的青年男女正在相拥热吻，众人大奇，甚至拿出相机偷拍。哈，谁说伊朗人保守？机场都可以上演激情戏呢。

一个热情的本地人自告奋勇带我们到楼下银行。伊朗的货币叫“里亚尔”（Rial），近期贬值得厉害。这家银行 1 美元可兑 3.2 万里亚尔，据说春节前后曾高达 4.2 万。我先换了 50 美元，以支付到市区的交通费。后来才搞清楚，伊朗人日常交易多以“图曼”（Toman）为单位，1 图曼等于 10 里亚尔。买东西时，一定要问清单位是图曼还是里亚尔，那可是 10 倍的差价。

今夜我将乘火车前往伊朗东部的马什哈德（Mashhad），偶遇的栀子和佩兰也同样行程，一拍即合，便结伴而行。三人略作商议，计划先去德黑兰火车站购票存包。所谓旅行，就是爱上未知。谁说不是呢？且看我们这个三人组的精彩旅程。

太阳完全舒展开来，原野泛着金黄的光芒，微凉的晨风吹过，顿觉神清气爽。宽阔的高速公路不断向前延伸，远方是屏风般的山峦，有大片未曾融化的积雪，只是半裸的灰黄的山体，看上去多少有些苍凉。姑娘们见到雪山，兴奋地“哇呜”起来。德黑兰有滑雪场，大半年时间积雪皑皑，若不嫌累，从冬天一直能滑到次年六月。

德黑兰波斯语意为“洁净之城”，是雪山环绕的大都市。空中俯瞰，从北面的山坡开始，往南延伸数十公里，是名副其实的“山脚下”。五千年以前，生活在伊朗高原上的人们就创造了灿烂的古代文明，但德黑兰作为国家首都，不过两百多年历史，充其量是一位“新贵”。公元 9 世纪，这里还是雷伊（Ray）城郊的小村庄，丝绸古道（Silk Road）上的骆驼商队都懒得停留。13 世纪外族入侵，附近城市遭到毁坏，德黑兰才开始兴起。1788 年恺加（Qajar）王朝定都德黑兰，是为伊朗第 32 个国都。

1943 年 11 月 28 日，同盟国苏美英三国首脑在德黑兰会晤，商议第二次世界大战结束后如何瓜分世界，这就是著名的“德黑兰会议”。战后，伊朗实行亲美政策，进行社会改革。60 年代，依靠石油带来的巨额财富，德黑兰快速发展，如今人口已超过 1200 万，成为西亚最大的都市。

然而，在我眼中，德黑兰的“洁净”徒有虚名。因地处厄尔布尔士（Elburz）山脉南坡，与里海天然隔绝，污染物不易消散。德黑兰市政府倒是很人性化，

◇德黑兰的清真寺，两个身着黑色长袍的伊斯兰妇女从门前走过。

如果空气污染严重时，他们会给民众放假。

街边的蔷薇花儿在阳光里摇曳，空气干燥得似乎能听见裂开的声音。出租车不时钻进小巷，带起街边的黄尘——这城市真算不得洁净。

火车站是水泥结构的两层楼，两边贴着霍梅尼和哈梅内伊（Seyyed Ali Khamenei）的画像，如门神一样。售票处在二楼，我将护照交给工作人员，顺利买到三张午夜开往马什哈德的卧铺票。火车票分两个等级，票价根据等级和快慢而不同：一等（1st Class）是卧铺，分四人和六人包厢；二等（2nd Class）是座位，六人包厢。火车票通过旅行社预售，不收手续费。火车站售票处也属旅行社，只卖当天票。

德黑兰与马什哈德相距 890 公里，行程超过 12 小时，而六人间的卧铺票 30 万里亚尔，折合人民币 60 多元，相对于国内，实在便宜。

所余里亚尔已经不多，决定去霍梅尼广场换钱。小件寄存处英俊的小哥让栀子着迷，缠着他画了张到地铁站的草图，但刚出火车站还是迷了路。彷徨间，一位拎着公文包的高个伊朗人停下脚步，领着我们原路返回，来到一辆灰色的旧汽车前。副驾驶座已经有位穿着黑袍的女子，他交代司机几句，让我们乘这辆车到最近的地铁站，边说边掏皮夹子付钱。我大叫“No”，但他不由分说，拉开车门，微笑着催促我们上车。我连声道谢，甚至没来得及问他的姓名。

这不是做梦吧？伊朗人是活雷锋？感觉有些不太真实。对伊朗人的热情好客，我虽早有耳闻，但如今亲身经历，还是出乎意料，半天回不过神来，这不就是传说中的“乌托邦”“理想国”？

栀子和佩兰既惊讶又感动，赞叹不已。

来伊朗前，我只能用“悲情”来形容这个古老帝国。在 1979 年的伊斯兰革命后，伊朗被西方制裁，一度面临战争威胁。而其周边，由于宗教派别和地缘政治等复杂因素，伊朗为阿拉伯伊斯兰世界所不容。在大国操纵下，旷日持久的两伊战争，使伊朗国力衰退。然而，踏上伊朗的土地，所见与想象完全不同。伊朗人阳光灿烂，乐观自信，热情好客，根本找不到我脑海中“战争”“恐怖”“邪恶”“饥荒”“难民潮”等字眼的影子。

出租车在“Shoush”地铁站停下来。德黑兰地铁是中东地区第一条地铁，由北京市城建设计研究院设计、中铁工程集团等单位施工完成，列车也由中国长春客车厂生产。站台则为伊朗人自己设计，与国内有所不同，轨道在中间，月台靠两边，如乘错方向，要经空中走廊换乘，甚为不便。不过站台宽敞明亮，装饰美观，墙壁多为古波斯风情的细密画，赏心悦目。

德黑兰地铁目前有五条线路，最核心的是南北走向的 1 号线和东西走向的 2 号线，两条线在霍梅尼广场交汇。地铁票有单程和双程，双程票 5000 里亚尔，折合人民币不到 1 元，不管距离远近，可实现两次进站。站内无限制换乘，出站无须车票，本地人使用类似“羊城通”的智能卡。

德黑兰除了地铁，还有“BRT”专线，但拥挤程度堪比中国“北上广”，堵车司空见惯。政府推行低廉的公共交通票，其实也是鼓励大家尽可能乘公交出行，以缓解交通压力。和印度一样，伊朗地铁首节和末节为女性专用，月台有标记，男士严禁入内，而女士则可随意出入其他车厢——这当然是对女性的特殊关爱。实际上，伊朗女性在公众场合包裹严实，非亲非故的男子不得触碰，就算有“咸猪手”，也不敢贸然下手啦。

# 波斯帝国的铁血历史

◎德黑兰

我们与伊朗休戚相关，
愿为她决一死战，
为保卫国王和子孙后代，
保卫妻子儿女骨肉亲人，
甘愿献出生命，
决不把祖国拱手相让。
……

——《列王记》

“中国人和印度人囤积黄金的时候，其他人还在吃树叶子呢。”这句话形象地说明了中印民间对黄金的偏爱绝非心血来潮，而是有着很深的文化传统和历史渊源。

前阵子华尔街唱衰黄金，中印诸国民间趁机大量购进，于是各媒体竞相刊登“中国大妈对抗华尔街”这样“无厘头”的新闻，英语世界为此甚至造出“Dama”一词。世界金融领域的博弈，不过是丛林法则的延伸，其本质不外乎巧取豪夺和弱肉强食，只

◇古列斯坦宫外面的观光车，像小火车一样。

◇蹄声得得，古式马车载着游客穿过德黑兰大街，今古就这样融合了。

是手段比较隐蔽罢了。“将欲取之，必先予之”，到底鹿死谁手，难说得很。

对此，精明的波斯人调整策略，以应对瞬息万变的金融风暴。在过去将近三十年里，没有哪个国家能像伊朗一样，在现实政治与意识形态两个阵线上如此长久地与美国对抗。尽管被美国制裁，尽管要依赖美元，但精气神却一点都不曾输。因为他们是波斯人，是居鲁士（Cryus）大帝的子孙。

伊朗不是阿拉伯国家，伊朗人也非阿拉伯人，伊朗是世界上唯一由伊斯兰什叶派领袖掌权的国家。实际上，伊朗人很反感别人将他们当成阿拉伯人。在伊朗街头随便问某先生：“您是阿拉伯人吗？”他会认真而坚决地纠正：“不，我是波斯人！”波斯人是中东第三大民族，位列阿拉伯和突厥人之后，但在他们眼里，阿拉伯人不过是卖油郎、土财主。波斯人高傲、自信，以其纯正的波斯血统而自豪。曾有海湾国家提出将波斯湾改名为阿拉伯湾，伊朗声明：

◇从国家博物馆出来，路过恺加时期的综合阅兵场，现在里面有博物馆，还有家大型图书馆。傍晚时分，一个带着孩子的上班族正欲走出别致的大门。

“哪国敢改就等于宣战。”

伊朗以前叫波斯（Persia），1935 年才改称伊朗（Iran），来源于“Ayryana Vaejo”，意为“雅利安人的发源地”。伊朗也是曾经阔过的人家，历史可追溯到公元前 40 世纪的青铜时期。到公元前 2700 年，伊朗境内出现了最早的国家——以苏萨（Susa）为中心的埃兰（Elam）古国。

公元前 20 世纪，一支来自乌拉尔（Urals）山南的游牧部落迁移到伊朗高原，逐渐与当地土著融合、同化，形成波斯人主体。他们就是雅利安人（Aryans），波斯语意为“有信仰的人”，梵语意为“高尚、纯洁的人”，他们的后裔是米底人（Medes）和波斯人（Persians）。公元前 15 世纪，一支雅利安人向东向南侵入次大陆，逐渐掌握了印度的话语权。所以，印度和伊朗都能够围炉夜话，说上几天。

埃兰于公元前12世纪攻陷巴比伦（Babylon），但在公元前639年却被亚述（Assyria）帝国所灭。公元前7世纪中叶，以哈巴丹（Hamadan）为中心的米底部落击败周围其他部族，建立起伊朗历史上第一个雅利安人国家。公元前6世纪初，米底部落征服伊朗西南部的波斯部落，灭亚述帝国。

公元前550年，居鲁士率波斯部落推翻他外公执掌的米底王国，建立阿契美尼德（Achaemenid）王朝，继而征服小亚细亚的吕底亚（Lydia）、爱琴海东岸希腊城邦、新巴比伦王国，可惜在进军里海东部草原的马萨格泰（Massagetai）人时战死。居鲁士是波斯人和米底人的混血儿，波斯帝国的缔造者，如华夏之炎帝黄帝。2003年，伊朗女律师席琳·伊巴迪（Shirin Ebadi）获得诺贝尔和平奖，在演说中骄傲地说："我是伊朗人，居鲁士大帝的后代。"同时宣布："我是一位穆斯林。"这是对"伊朗人"最完整的解释。

继承王位的冈比西斯二世（Cambyses Ⅱ）征服埃及，建立了横跨亚非两洲的奴隶制帝国。君不见，四大文明古国，被雅利安人征服了三个——印度、巴比伦和埃及。欧洲文明的发源地希腊，此时亦惶惶不可终日，因为他们听到了波斯王大流士一世（Darius Ⅰ）扩张的战鼓声。大流士一世东征西讨，将印度河流域、黑海海峡和色雷斯（Thrace）纳入波斯版图。公元前500年，以小亚细亚希腊城邦米利都（Miletus）暴动为导火索，"希波战争"爆发。著名的马拉松（Marathon）、温泉关（Thermopylae）战役，成就了"马拉松长跑"和"斯巴达（Sparta）三百勇士"。然而，波斯在旷日持久的战争中没能取得胜利，最终承认小亚细亚希腊诸城邦独立，将军队撤出爱琴海与黑海地区。

公元前334年，波斯被马其顿（Macedonian）国王亚历山大（Alexander）征服。公元前323年，亚历山大病死，帝国分裂，部将塞琉古（Seleucus）夺得东部地区，于公元前306年称王。

公元前3世纪，北方游牧部落帕尔尼人（Parni）进入帕提亚（Parthia），推翻塞琉古的总督，建立帕提亚帝国，中国史书称"安息"。因同罗马（Roma）、贵霜（Kushan）帝国争雄以及内讧，安息于公元224年被来自法尔斯（Fars）的阿尔达希尔一世（Ardashir Ⅰ）推翻。他建立的萨珊（Sassanid）王朝，与罗马（Roma）、贵霜（Kushan）三足鼎立，雄霸欧亚。

萨珊王朝延续四百多年后衰落。公元632年，麦加（Mecca）人穆罕默德以（Muhammad）“圣战”的名义，统一了阿拉伯半岛。四大哈里发（Khalifah）时期，继续向外扩张，于642年击败波斯。公元651年萨珊王朝灭亡，末代波斯王子俾路斯（Pirooz）东逃长安，在唐高宗门下避祸。至此，古典波斯宣告结束，接下来是漫长的伊斯兰时期。

萨珊帝国的灭亡是伊朗历史的转折点。波斯成为阿拉伯帝国的一个行省，萨珊王朝的国教拜火教开始衰落，波斯人逐渐改信伊斯兰教。但发达的波斯文明没有消亡，而是与阿拉伯伊斯兰文化相互融合形成独特的波斯文明，同时阿拉伯文化也吸收了大量的波斯元素。

随着“白衣大食”倭马亚（Ummawiyy）、“黑衣大食”阿拔斯（Abbas）王朝的土崩瓦解，突厥人、蒙古人又持续入侵，直到土库曼人（Turkomans）于1501年攻克大不里士（Tabriz），建立起萨法维（Safavid）王朝，奉伊斯兰什叶派为国教，是为伊斯兰教历史的转折点。

萨法维王朝延续了二百多年，最后被比邻而居的阿富汗人（Afghans）征服。随后来自呼罗珊（Khurasan）的纳迪尔（Nader）崛起，将阿富汗人逐出伊朗，以马什哈德（Mashhad）为中心建立了阿夫沙尔（Afshar）王朝。纳迪尔被部下杀死，皇室发生内讧，王朝分裂。其部下卡里姆汗（Karim Khan）以设拉子为首都建立赞德（Zand）王朝。

赞德王朝分裂后，又经数十年混战，伊朗东北部的土库曼人建立了恺加（Qajar）王朝，定都德黑兰，历经分裂和战乱的伊朗再次统一。

19世纪初，西风压倒东风。1907年，伊朗沦为英、俄半殖民地。当时伊朗社会经济衰弱，民怨沸腾，多次发生人民起义。1921年2月，军官礼萨·汗（Reza Khan Pahlavi）发动政变，夺取政权，建立了巴列维王朝。

第二次世界大战爆发后，德国入侵苏联，英国和苏联出兵伊朗，礼萨·汗被迫退位，其子小巴列维（Mohammad Reza Pahlavi）继位。1942年1月，英国、苏联和伊朗三国订立同盟条约；战争结束后，英、美在政治军事上援助伊朗，趁机控制了伊朗的经济命脉。

19世纪60年代初，伊朗国内的“社会改革计划”引发动乱，国王被迫于1979年1月出走海外。2月1日，因领导反国王运动而流亡海外的宗教领袖霍梅尼返回伊朗，成立伊朗伊斯兰共和国。

美国人“逃离德黑兰”后，伊朗遭到西方制裁，接着和伊拉克打了八年。布什政府更是提出“邪恶轴心”，经常以“核”为名对伊朗进行军事威胁。制裁使伊朗物价飞涨，货币贬值，甚至德黑兰的空气里都弥漫着制裁的味道。

历史就像一趟地铁列车，满载爱恨情仇和慷慨悲歌，在每个站台上稍事停留，便接着继续往前了。从地铁口出来，对面有栋十余层高的单面楼，这就是霍梅尼广场，喷泉四射，花团锦簇。虽然贵为德黑兰的地标，但其实只是四岔路口，中间有环岛，许多政府机关都在附近办公。向北为菲尔多西（Ferdowsi）大街，各国使馆都设在这里，不知怎的，中国人称之为“换汇一条街”。往东则是“汽修一条街”，有许多廉价客栈，是背包客落脚之处。

伊朗人开车，斑马线前也不会减速，让我们不敢迈步。一位本地人拉着我们，在呼啸的车流中，优雅地打了个手势，车速稍减，我们才亦步亦趋地快速通过。得知我们要换钱，他又主动带我们到换汇的小亭子前。这股热情劲儿真让人感动，莫非我们看起来像他家亲戚？

1美元可换3.5万里亚尔，即1元人民币约5690里亚尔。以后的行程中，为对比物价，我将5000里亚尔当1元计。纸币面额巨大，许多“0”，数钱都成了问题。佩兰动作稍慢，轮到她时，居然成了3.48万。理论一番无果，便走出店外，回头再去，终以3.5万成交。原来，老板见来了成堆的中国人，想多赚点儿，是以临时改变汇率。伊朗也是，不仅有乐于助人的“雷锋”，同样有追求利润最大化的商人。

说起来，“换钱”的始作俑者还是古波斯人。有学者把货币交易的形成归功于阿契美尼德王朝的大流士，因为此前的商品交换还是以货易货。谁说不是呢？大流士掌管700万平方公里土地上的生杀大权，确立君主专制，发行货币，统一度量衡。他的文韬武略，将波斯帝国推上世界顶峰。

◇左：古列斯坦宫，镜宫里面的彩色格子窗。
◇右：古列斯坦宫里的大理石宝座，但更像一张床。所谓屁股决定思维，坐在这样的宝座上面，想法自与常人不同。

# 镜面装成的皇家记忆

伊朗姆的花园已和蔷薇凋零，
贯姆希德的七环杯谁也不知去向；
但有玛瑙般红仍从葡萄破绽，
水畔的花圃处处都是落英。

——《鲁拜集》

◇古列斯坦宫里整齐的拱形门。

德黑兰是建在"暖坡"上的城市，北高南低，典型的亚热带沙漠气候。正午时分，阳光砸将下来，似乎发出金属落地般的声音，晃得人睁不开眼睛。这城市就像多人创作的细密画，陈旧而纷乱，但仔细梳理，还是能找出规律。东西走向的革命（Enqelab）大街将城市分为南北两部分，南北走向的瓦利阿斯尔（Valiasr）大街和革命大街交叉成十字，为城市的中轴线。

北部是富人区，德黑兰现代生活的窗口。传统意义上的市中心则在南部，从革命大街到莫拉维（Molavi）大街之间就是最繁华的所在，其间深藏许多博物馆、大巴扎和清真寺。道路多以两伊战争中牺牲的烈士命名，街头悬挂着他们的画像，以纪念他们为国家做出的贡献。

勇士啊，你若光荣献出生命，
强似忍辱苟活屈身事人。

——《列王记》

我看过玛赞·莎塔碧（Marjane Sartrapi）的《我在伊朗长大》。两伊战争时期，14 岁的女主人公被父母送到奥地利读书。她逃离战火，却历经挫折；回到祖国，又不堪宗教束缚，无法融入传统生活。她认为当局的宣传不过是为了将更多年轻人送上战场，以维护统治阶层的利益。

从"换汇一条街"返回，经霍梅尼广场再往南，就到了古列斯坦（Golestan）宫。当地人驾着马车走过，蹄声敲击着水泥路面，发出"嗒嗒嗒"的声响，空气中似乎要冒出烟来。

门票涨了，春节时伊朗各景点票价多为 5000 里亚尔，古列斯坦宫全票折合人民币 6 元多，而现在却要 45 万里亚尔。售票员见来了外国游客，顿时手忙脚乱。因为还在使用面额很小的旧票，两人数了半天，塞给我厚厚几沓，像贬值过快的里亚尔。

古列斯坦宫是德黑兰最古老的历史遗迹，初建于萨法维时期，现存的 17 座宫殿主要为 19 世纪中晚期的建筑。巴列维时期用于正式接待，父子俩的加冕典礼都在这里举行。"古列斯坦"波斯语为"蔷薇"，故又称"蔷薇宫"。

◇上：古列斯坦宫，镜宫外部及内部墙壁以繁复镜面装饰。
◇下：古列斯坦宫，这里可以看到"国王的坎儿井"。

作为“旧社会”的遗物，一度以泥巴、茅草封存。

王宫是典型的波斯园林，没有明显中轴线，也非对称布局。进门可见长方形水池，尽头是大理石宫（Eyvan Takhte Marmar）。大理石宫正面敞开，由两个石柱支撑。后墙有尖顶拱形的壁龛，以镜面装饰成复杂的图案。中央是著名的大理石宝座（Marble Throne），用来自亚兹德（Yazd）的黄色大理石做成，像张大床，周围有小型人物石雕。宝座由十余人抬着，外面 6 名仕女，以手扶肩，颇为卖力；里面 4 名阔耳獠牙、修成人形的怪物。

大理石宫由恺加王朝的阿里 · 沙（Fath- Ali Shah）修建，是古列斯坦宫最古老的建筑，各种绘画、雕刻、瓷砖、镜子、珐琅，以及色彩亮丽的格子窗。恺加国王的加冕礼和宫廷仪式，都在这里举行；1925 年礼萨 · 汗夺得王权，亦在此举行加冕礼。

隔壁宫殿（Khalvate karimkhani）与大理石宫相似，只小了点。室内部分是赞德王朝早期的建筑，中央有水池和喷泉，是“国王的坎儿井”（Qanat），算是中世纪的“土空调”。从侧面进去，左边是大理石床，右边有大理石棺。墙壁上画了对仕女，圆润丰满，袒胸露乳，对照如今满城罩着黑袍的伊朗妇女，让人觉得这时光确实能够倒流。内墙多见“雄狮猎牛”场景，有点血腥。外墙有萨法维时期的壁画，表现战争、猎虎、杀鬼，还有锣鼓喧天的欢迎场面。

有间艺术馆（Negar Khaneh），里面陈列着纳赛尔（Nasser-ol-Din Shah）收集的名画，如马克尔 · 穆鲁克（Kamal ol Molk）和梅赫迪（Mehdi）的作品，原来存放在这里的王冠现收藏于伊朗珍宝馆。

大概已经过了旅游旺季，古列斯坦宫稍显冷清，有二三西方游客，其余为同机而来的中国人。见多了熙熙攘攘，游人稀少，反而有些不习惯。

纳赛尔建造的镜宫（Talar-e Berelian ）是整个宫室建筑的精华，圆顶和墙壁都用各种镜片镶嵌。工作人员示意，可以拍照，但不能用闪光灯。波斯建筑将色彩的搭配运用发挥到极致，壁画和雕饰，极尽繁复明艳。如果加上彩釉镶嵌、花卉图案、拱顶造型，就是波斯风格的伊斯兰建筑。我总觉得，与其贴这么多华丽的镜片，还不如以史为鉴，镜子里的世界多么虚幻啊！

突然，来了五六个如花似玉的波斯美少女，吸引了大家的目光。伊朗女子着装必须符合伊斯兰法规，在公众场合须戴头巾，不得露出头发或化妆的

◇古列斯坦宫，民俗博物馆，伊朗人日常生活场景，摇篮、火炉、纺车、磨盘等。

痕迹，上衣至少保证盖过臀部，须宽松以遮掩身体曲线，违者将受到警告或惩罚。前些年，曾有 27 个部门联手打击不规范着装的事情，伊朗特有的“风俗警察”，专门紧盯女性穿衣，甚至提出“出租车公司需要为其乘客衣着违反规定承担责任”。听起来有些荒唐，被媒体着意渲染，使伊朗更为神秘。

这几位显然不是“传统的卫道士”，衣着时尚新潮，“宝髻松松挽就，铅华淡淡妆成”，在镜宫相互拍照。我忍不住好奇，问能否拍照，她们欣然答应。看来，波斯美女并非都是“羞答答的玫瑰静悄悄地开”，她们大方着呢，很快和我们打成一片，相互拍照合影。临别，互留电子邮箱。风闻在伊朗不能拍照，看来多为偏见。当然，无论在哪儿，都宜征求人家的意见。

在伊朗，还真有“怪你过分美丽”这回事。2013 年 8 月媒体报道，一名当选市议员的 27 岁女性莫拉蒂（Moratti），竟然因为长得太美、太性感而被取消当选资格。

和平厅又叫觐见厅（Talar-e Salam），纳赛尔用来接待欧洲旅行家和宫廷使节，以素雅为主调，即使镜面装饰，也简洁许多，看起来晶莹剔透。置身于如此缤纷的光影世界，会不会产生幻觉？相邻宫室（Talar-e-Adj）原为音乐

◇一位衣着华丽的波斯女子，就算今天，她的服饰也算得上富丽华贵，令人眼花缭乱。

厅，现辟为礼品博物馆，陈列着来自伊朗和欧洲的名画、皇室器具和各国赠送的礼品，还有6个鸵鸟蛋。而原来放在这里的孔雀宝座，现藏于伊朗珍宝馆。

纳赛尔是恺加王朝执政时间最长的君主，曾三赴欧洲，对当地博物馆的艺术珍品兴趣盎然，崇尚欧洲宫廷的奢侈生活。据说，照相机发明不久，他就玩起了摄影——我们还有相同兴趣哩。

钻石厅（Talar Almas）位于宫殿群南翼，金碧辉煌的镜子作品赏心悦目。钻石厅也由阿里·沙修建，纳赛尔翻新时以罗马式穹顶代替尖顶，用进口的欧洲壁纸装饰墙壁。

民族博物馆（Ethnographical）票价最为昂贵，值25万里亚尔。内有许多分隔开来的小房间，按次序展示伊朗人日常生活，从纺织、制鞋、磨面、做馕、焙茶、狩猎、武器、盔甲、茶室等场景，全面介绍伊朗人的生活细节，还有各民族历代服饰的变迁等，可以直观形象地了解伊朗人传统生活。

宫殿里跑出来一只猫，灰头土脸，就是寻常所见的家猫。此前，我想当然地以为，伊朗遍地都是波斯猫。

◇古列斯坦宫里的波斯美少女，衣着时尚新潮，很快与我们打成一片。

# 世上最昂贵的**地下室**

德国大使馆对面就是伊朗中央银行，楼体虽然有些陈旧，但黑色的大理石门脸却显得庄重威严。通过暗门进入地下，将随身的相机包存起来，通过层层安检，才能到达银行的地下大厅——珍宝博物馆。

我很不老实地将手机留在口袋里，企图蒙混过关。然而，电子门检却尖叫起来。保安拦住我，友好而坚决地示意不能带入，同行的几位直冲我翻白眼。

伊朗珍宝博物馆建于 1937 年，次年礼萨·汗将皇室藏品交给伊朗国民银行，作为发行纸币的担保。“货币天然不是金银，金银天然是货币”，早期纸币的发行，以金银等硬通货为依据。如今的美元已经放弃金本位而与石油攀上亲戚，但盛产石油的伊朗却左右不了自己的纸币，任其贬值。据统计，自 2012 年始，里亚尔累计贬值超过 60%，端坐票面的霍梅尼除了吹胡子瞪眼，只能眼巴巴地看着自己身价暴跌。

博物馆于 1960 年年底向公众开放，有 40 多个展柜，收藏了近几个世纪以来伊朗王室最珍贵的国宝，从珠玉、饰品、武器到王座、皇冠、服饰等宫廷用品，应有尽有，其中大多数来自古列斯坦宫。感谢真主带给我们好运气，因为每周只开放三天，稍有疏忽就会错过。

馆内戒备森严，如触摸到玻璃或柜子，警报器就会鸣叫，引来警卫人员关注。灯光有些暗淡，但足以反射这些珍宝的光华。物以稀为贵，再珍奇的东西，如果多得泛滥，也就熟视无睹了。这些珍珠玛瑙钻石金银，就那么随意散落在柜子里，甚至从盛放的碟子里溢将出来。我怀疑这是工作人员故弄玄虚，让游客产生“视珠宝如粪土”的错觉。看到柜子里那些镶嵌珠宝的精美盒子，始信“买椟还珠”的古人诚不我欺也。

钻石和珍珠串成的羽毛状饰品、镶嵌着红宝石和绿松石的金色搪瓷水瓶、挂满绿宝石和红宝石的黄金烛台、缀满绿松石和红宝石的水烟筒、摆放在桌子上的缀满红宝石的圆球、用金丝编成的巴列维的加冕披风、镶嵌红宝石和绿宝石的黄金盾牌和各种武器，都让人叹为观止。有块 20 公斤重的刻花金板，上面用小钻石组成文字，据说为礼萨·汗加冕时犹太教民进献的宝物。

惊叹声不绝，随便一粒，就能使我实现环游世界的梦想。来过这里，才知道什么叫价值连城，寻常店里的珠宝，都成了过眼烟云；结婚的新人如果囊中羞涩，还是别强求什么戒指项链，不如买朵花儿来得浪漫。

象征伊朗王权的纳迪尔宝座，共镶嵌 26733 颗宝石。名为“纳迪尔”，但有关文字和证据表明，宝座为他儿子阿里·沙所有，大概是为了向各国使节炫耀吧，巴列维父子的加冕礼都用过这个宝座。

虽然珠光宝气，靠背也有类似孔雀的装饰，但这并非真正的孔雀宝座。孔雀宝座以黄金和宝石做成，前面两级台阶，中间是带有围栏的平台——几乎就是床，像古列斯坦宫里的大理石宝座，后背有光芒四射的太阳圆盘。据说这把“椅子”起初叫“太阳宝座”，阿里·沙娶了昵称为“孔雀夫人”的美女，改称其为“孔雀宝座”。

我只看到纳迪尔宝座，没见“孔雀宝座”。孔雀宝座原属印度莫卧儿（Mughal）王朝，1739 年纳迪尔入侵北印度，洗劫了莫卧儿皇宫，战利品就包括著名的孔雀宝座、“光之山”和“光之海”钻石。后来孔雀宝座销声匿迹，有说纳迪尔熔毁黄金部分，用另外的宝石制造了新的“孔雀宝座”。具体细节，恐怕成了永远的谜。

那么“光之海”命运如何？很幸运，就在博物馆里，我看到了。真主啊，但愿能够带来桃花运。“光之海”也叫“达亚－伊－诺尔”（Darya-i-nur），是世界上最大的业已琢磨的钻石，重 182 克拉，即 36 克，呈粉红色，一面刻有阿里·沙的名字。在灯光的照射下，如吸收日月光华的粉色精灵，又像极地深寒世界里的晶莹。

这颗钻石来自印度传奇钻矿戈尔康达(Golconda)河谷，原石重达 787 克拉，莫卧儿国王沙·贾汗（Shah Jahan）——即泰姬陵的建造者，将其琢磨成 300

克拉的高玫瑰花形钻石。钻石来到波斯后，纳迪尔将其切割成两块，一块 182 克拉，称“光之海”；一块 60 克拉，称“光之眼”。1958 年小巴列维结婚，请著名珠宝商哈里·温斯顿（(Harry Winston)）制作王冠，“光之眼”经重新打磨后镶嵌在王冠正中，四周以极品钻石陪衬，如上方重约 10 克拉的黄色梨形钻石。“光之山”呢？几经转手，现为英国王室所有。

世人对“光芒海”赞不绝口，却忽略了其间的血腥和暴力。“送你一颗光芒海”，恐怕只有中东的土豪才敢说，而这句话的潜台词是“伏尸百万”。

镇馆之宝要数 34 公斤重的珠宝地球仪，外框和基座用纯金打造，镶嵌 51366 颗红、蓝宝石，重达 3656 克。以祖母绿宝石为海洋、红宝石为平原，伊朗、中国、欧洲和东南亚诸国则用钻石镶嵌。地球仪只是艺术品，如果真按此划界，恐怕许多国家都会打起来。

如此奢侈的皇家玩具也不完全是无聊之作。据说，纳赛尔为保存散放的王室珍宝，于 1869 年命工匠制成珠宝地球仪和几顶镶满钻石的王冠。王冠放在展厅中央，显然也是珍品。阿里·沙的“基亚尼”（Kiani）王冠、阿巴斯·米尔扎（Abbas Mirza）太子的王冠、纳迪尔羽毛状的王冠，尤其小巴列维加冕时所戴皇冠，镶有 3380 颗钻石、5 颗绿宝石、2 颗蓝宝石和 386 颗珍珠，恐怕是世上最贵的帽子了。

珍宝馆所藏宝贝，令许多国家的博物馆望尘莫及。有人猜测，波斯帝国历史悠久，馆中展品只是冰山一角。相传希波战争时，薛西斯（Xerxes）乘坐的战船就以黄金做顶。

这些珍宝多数为 16 世纪后的伊朗王室所聚敛。纳迪尔从印度掠夺了十来把宝座和不计其数的金银珠宝，为便于存放，部分珍宝被镶嵌在服饰王冠、宝剑匕首、杯碗盘盖和各种工艺品上。但大多数没有加工，整箱封存，至今没有公布统计数字。巴列维王朝建立后，这些珍宝成了王室财产，国王虽将部分归还国家，但仍有大量珍宝被王室占有。国王倒台后，部分珍宝流失海外，1983 年曾有 14 件伊朗珍宝被拍卖，一对耳坠的成交价为每只 65 万美元。

馆内不让拍照，但我看见有个中国人用录音笔边走边看边说边录。这倒是个好办法，如果用词准确，几乎能记住所有重要珍宝的特征。不过他一口北京腔，没见过实物的人，光听录音，没准会认为他是个吹破天的牛皮大王。

◇世上最昂贵的帽子，巴列维加冕时所用，价值甚至超过了脑袋。

◇左：用宝石制成的34公斤重的地球仪，各国如果以此划界，肯定会打起来。
◇右：孔雀宝座，起初叫“太阳宝座”，阿里·沙娶了昵称为“孔雀夫人”的美女，改称“孔雀宝座”。

我敢打赌，这是世上最为昂贵的地下室，里面收藏着近乎变态的奢华。

满室珍宝，似乎有种无形的压力，回到前厅，方如释重负。富强的国度才配拥有这些宝藏，动荡和战乱，只会招来梁上君子。据说海湾战争期间，伊拉克9个博物馆遭到轰炸，至少有5000件文物被损毁。埃及动乱，导致马拉维（Malawi）国家博物馆藏品被盗窃殆尽。

柜子里有纪念品出售，我买了一本画册，以示拜访过中东的“土豪”。

# 穿越时空，走进古典波斯

伊朗版图就像一只昂首挺胸、正欲泅渡波斯湾的老乌龟，嘴巴伸向土耳其，龟头顶着亚美尼亚和阿塞拜疆，背驮土库曼斯坦和阿富汗，尾部与巴基斯坦连系，而咽喉部位则是伊拉克。这个风骚的动作正好堵住了里海与印度洋的通道，其国土面积与中国新疆相当，人口7500多万，巧合的是，国土面积与人口都排世界第17位。

伊朗出土文物展显现出来的历史令世人瞠目，不信？且去博物馆。从珍宝馆回到霍梅尼广场，沿大路东行几百米，就是伊朗国家博物馆。

国家博物馆是伊朗最大的综合性博物馆，馆藏文物多达30万件，有史前文物、公元初到伊斯兰时期和伊斯兰后期文物，是古伊朗文明的缩影。

博物馆由东楼和南楼两部分组成，南楼为古伊朗博物馆，建于1937年，东楼为伊斯兰时期博物馆，建于1996年。古伊朗博物馆占地1万平方米，共三层。门廊和入口仿照萨珊王朝首都泰西封（Taysifun）皇宫建筑风格，拱门高深，砖石暗红。

◇国家博物馆，来自波斯波利斯的一面浮雕，居中端坐者为大流士，前面是前来觐见的波斯贵族，后面依次为薛西斯、祭司、武士。

古伊朗博物馆共收藏1万余件史前文物，可追溯到石器时代和铁器时代。有300多件按年代次序陈列，其余放在特殊的柜子里，多为当时人们使用的石器、象牙、金属和陶器等，证明史前人类在伊朗的社会关系、宗教信仰和生活状况。一支1974年出土于呼罗珊的石箭最为古老，距今60～70万年，是世界上最古老的文物之一。

雷伊和加兹温（Qazvin）地区出土的红色陶器也历史悠久。有只加兹温出土的瓷碗，历史可追溯到公元前50世纪。里面绘了几组人像，相互面对面站着，举起双手，据说他们在举行宗教仪式。

伊朗高原史前就有了人类，他们在制作陶器、铁器，以及雕刻方面已经达到了很高的水平。伊朗最早的文明并非雅利安民族创造，而是埃兰人。埃兰是美索不达米亚（Mesopotamia）平原上的古国，公元前27世纪已经建国，属于两河文明。但他们当年的政治文化中心苏萨现属伊朗，所以伊朗的文明史可谓源远流长。

古波斯深受两河文明影响，现在的两河流域属伊拉克，而两伊是世仇。所以高傲的波斯人对两河文明的归属有自己的看法，他们认为伊朗境内的古代遗迹不属于两河文明，伊拉克境内的古国才是两河文明。也许只是气话，

不必较真。

埃兰时期的文物，以陶器居多。最为著名的就是汉谟拉比（Hammurabi）法典，即进门左边的黑色玄武岩石柱。汉谟拉比是古巴比伦国王，此君生平最爱断案，将用过的法律条文刻在石柱上，形成世界第一部楔形文字法典，其实就是维护奴隶主利益的法律依据。正文有 282 条，序言和结语是辞藻华丽的赞美诗。古巴比伦在今伊拉克境内，当年埃兰人征服古巴比伦，将汉谟拉比法典搬到伊朗境内，成了伊朗文物。

馆内现存为复制品，真品收藏于法国巴黎卢浮宫。西方列强抢走许多东方宝藏，中国人的辛酸往事并不比伊朗人少，说起来都是伤心。

来自乔加·赞比尔（Tchogha Zanbil）的神牛雕像，昂首挺立，神态逼真，很难想象埃兰时期已经有如此精湛的雕塑艺术。埃兰人与印度人都尊崇背上长着瘤子的神牛，不知道他们有什么关联。

著名的“居鲁士圆柱”，用黏土制成，像玉米棒子，又像枕头，记载着居鲁士于公元前 539 年征服新巴比伦时的情形：“我是居鲁士，世界的王、伟大的王、合法的王、巴比伦的王、苏美尔和阿卡德的王、四方的王，……我把居于该地的偶像送回底格里斯河彼岸的圣城。虽然这些地方的圣所已陷于荒凉，我却为它们设立永久的居所。我召集所有居民，将其原住地归还。”

居鲁士圆柱是人类历史上第一部人权宣言，记录了关于宗教宽容和民族平等的政策，是伊朗人最尊崇的文物。1879 年发现后，一直收藏于大英博物馆，纽约联合国总部有其复制品。关于人权，不知美国人看了会做何感想？

恢宏壮丽的波斯波利斯王宫遗迹，继承了亚述和巴比伦的建筑风格，被亚历山大放火烧毁，沉寂两千多年后重见天日。博物馆后面收藏了宫殿的一整面墙，浮雕神态逼真，活灵活现。中间坐着大流士，后面依次为薛西斯、大祭司和武士，前面点头哈腰者为拜见国王的波斯贵族。薰香缭绕，似乎能闻见满室芬芳。有意思的是，觐见大流士的波斯贵族，略欠腰身，右手掩口，以示尊崇。难道怕口气熏到至高无上的帝王？

有尊特别的雕像，貌似埃及法老，但却是大流士一世 。据说埃及人为讨好大流士而做了这么个雕像，后来亚历山大征服波斯，埃及人又送上同样的礼物。还有根来自波斯波利斯的黑色柱头，顶端是两只相背而卧的公牛，中间用以承重。整个柱子比博物馆还高，所以只展出主要部分。

玻璃罩里有公元3世纪的盐矿工人头颅，须发皆白，估计他生前不会想到自己会成文物吧？一尊衣着邋遢的青铜雕像，他就是安息太子。安息时期相当于中国汉朝，汉武帝派张骞出使西域，其副使到达波斯，安息王以2万骑兵列队相迎，归来时带回葡萄、石榴、西红柿、胡萝卜等植物种子。从此，东西方商贸通道丝绸之路正式开启。

◇大流士一世。据说埃及人为讨好大流士而做了这么个雕像，后来亚历山大征服波斯，埃及人又给他送上同样的礼物。

《全球通史》中说，波斯因其独特的地理位置，是全球贸易的中间商。尽管有了丝绸之路，但罗马帝国和中国汉朝没有直接商业往来，而是靠中间商，尤其安息人。其实，中国和罗马对双方建立直接联系都很关心。

公元97年，西域都护班超遣甘英出使罗马，当甘英抵达波斯湾时，安息人说：“海水广大，往来者逢善风三月乃得度，若遇迟风，亦有二岁者，故入海人皆赍三岁粮。”又以传说渲染海上航行的恐怖：“海中善使人思土恋慕，数有死亡者。”安息人没有向甘英提供经叙利亚到罗马的陆路，而是备陈渡海艰难，连唬带骗，甘英只得返回。

中国官方记载，罗马人“一直渴望派使者到中国，但安息人想用中国的丝织品和他们做买卖，因此切断了罗马前往中国的交通”。

古伊朗博物馆里的文物截止到萨珊王朝。萨珊灭安息接管伊朗，其时相当于中国魏晋南北朝。唐高宗时，阿拉伯人征服伊朗，萨珊亡国，王子逃往长安，寻求复仇未果，唐朝设波斯都护府。从此，正统的波斯文明结束，接下来是漫长的伊斯兰时代。

# 邂逅，巴扎里的“有情人”

经年累月，复制他人，我试图了解自己。

内心深处，我不知何去何从。

无法看到，只听得我的名字被唤起。

就这样，我走到了外面。

——鲁米

世界大城市如果按人口排名，德黑兰在第19顺位。这可不是我喜欢的，当然，谁会喜欢人满为患呢？德黑兰的上下班高峰期，拥挤得让人莫名烦躁。司机先生对行人的歧视更甚于我天朝上国，虽然好客的波斯人对外国游客特别关照，过马路时，也会减速，但还是让人提心吊胆。本地人可享受不到这种待遇，不过他们都能应对自如。

古列斯坦宫南边是大巴扎（Bazaar）。总有当地人过来搭讪，我几乎来者不拒，认真回答。伊朗人称中国人为“秦”（Chin），次数多了，我就直接说“秦”，他们便哈哈大笑，有人甚至用中文得意地说：“你好！”据说秦朝时候，中国和波斯已经有了来往，波斯语“秦”便作为中国人的称呼沿用至今。秦朝短命，没有确切的记录，这个说法有待考证。

一天没吃东西，饥饿袭来，顿觉步伐沉重。路边小店里有鲜榨果汁，加了碎冰，一杯4万里亚尔。几个善解人意的伊朗老头儿咂着嘴巴指向巴扎深处，说里面有好吃的东西。餐馆分明还有食客，伙计却说打烊了，只好再找别家。

◇德黑兰是世界上最依赖汽车的城市之一，上下班高峰期，拥挤的十字街头塞成了疙瘩。

伊朗人难道这么死板？在中国，很少碰到餐馆拒绝客人，尤其这类小馆子，只要门开着就是营业时间。

初来乍到，对伊朗的饮食不甚明了，幸好收银台前有图片。伊朗人是游牧民族的后裔，典型的肉食者，全国人民对烤肉情有独钟，称之为“烤爸爸”（kabab）。小种类实在难以分清，只听旁边的客人说：舅舅烤爸爸、稀缺烤爸爸、齐鲁烤爸爸。我们也照猫画虎，点了“舅舅烤爸爸”和“齐鲁烤爸爸”——童了鸡肉串和烤羊里脊，另加蔬菜酸奶等。

椭圆形的盘子大得夸张，除长条的烤肉，还配了烤西红柿、酸黄瓜、柠檬和各种果酱。米饭上面浇了藏红花汁，颜色金黄，看得人食指大动。但是，酸奶味如隔夜的涮锅水，实在不敢恭维；酸黄瓜名副其实，吞下去立即口舌生津泪眼蒙眬；蔬菜用塑料盒包装，拌上酱料即可生吃。店里还赠送一盒小包装的酸奶，比较浓厚，但也是酸得让人张嘴呵气。当然，烤肉的味道确实不错。

话是这么说，想着接下来的日子都要吃“烤爸爸”，心里还是犯怵。

◇德黑兰大巴扎，他拉着小车子迎面而来，以手加额，难道今天的生意不好么？

按说肉食者最怕“三高”，而伊朗人均寿命 71 岁，居发展中国家前列。当然，他们自有妙招，一个字——“酸”。烤爸爸的配菜胡萝卜、黄瓜、橄榄、豆角、辣椒等都腌成酸菜，那种“酸”真是沁人心脾，烤西红柿更酸得没有人性，但伊朗人乐此不疲，无“酸”不成宴。

一阵子风卷残云，便“酸溜溜”地去逛大巴扎。

原以为德黑兰的大巴扎只是个集市，走进清真寺样的拱形门，才知别有洞天。里面完全以砖石垒成，是“拱形穹顶”的街道，四通八达，相互衔接的拱架以圆顶相连。两边店铺里货品丰富，琳琅满目，从来自中国的便宜货到本地价值不菲的手工地毯，应有尽有。所谓“市列珠玑，户盈罗绮，竞豪奢”，这巴扎简直就是伊朗版的“清明上河图”。西方制裁使伊朗人的生活负担加重，但大巴扎里却是一派繁华气象。

不仅如此，巴扎附近还有清真寺、浴池、餐馆等公共设施。逛巴扎，做礼拜，然后洗个热水澡，再去美餐一顿。大巴扎不仅是集市，而且是新闻八卦基地。波斯的风土人情和传统文化，尽在大巴扎的讨价还价声中。

有些店铺老板看到我们，会用中文大喊“你好”，让人忍俊不禁。伊朗还

◇大巴扎拱形门口商贩云集。巴扎不仅是集市，而且是人们日常交流、是非传播和娱乐八卦的好地方。

用老式算盘，与我小时候用过的不同，10 个珠子穿在一起，中间不隔。

穆罕默德肩头挎着女式包，我不免多看了一眼。他带着两位美女逛巴扎，满面堆笑，要我给他们拍照。一位姑娘指着显示屏里她自己的相片认真地说：“这位姑娘漂亮吗？”我失笑：“非常漂亮。”“你喜欢她吗？”我一怔，随即醒悟：“当然，你愿意和我去中国吗？”她笑得打跌。

和穆罕默德握手告别，但当我将手习惯性伸向他身边的女士时，她却说抱歉，躲到穆罕默德身后。我突然记起，伊斯兰国家男女授受不亲，男士在公共场合不可主动伸手与女士握手，尤其已婚或男友在旁时，女士主动伸手则可回应。我只好假装不知情。也许我只是表错了情，如果将手伸向那位“愿意去中国”的姑娘，想必会接受吧？

巴扎实在是“打望”的好地方。一位漂亮的女士看见我挂着相机，过来搭讪，问产地型号价格，我老实回答。相机是我在广州海印电器城淘来的“水货”，也不晓得她能否听懂，反正嫌贵。在伊朗，这款相机的价格相当于一辆二手车，而伊朗人加薪的速度远不及货币贬值来得快，除了专业的摄制组，确实甚少看到伊朗人用单反相机，但汽车却塞满街道。

同行的两位姑娘见我很受欢迎，毫无道理地揶揄起我来。我碍着谁了？老实说，我还真碍着她们了。伊朗人高傲自信而热情好客，但是，因为宗教传统，真主要求男女之间保持距离。即使年轻的男士对外国女人好奇，也碍于我在旁边，只好做“绅士”状，不敢越雷池半步。

华灯初上，德黑兰的夜色黯淡而安静，尚在营业的店铺，不过是修车行、饮料摊、小超市，根本没有酒吧、歌厅、洗脚房之类的娱乐场所，甚至没看到像样的茶屋。

在饮料店小坐，路过的两位女子已经走远，徘徊再三，又折回来，想和我们合影。此举引得店内的伙计来凑热闹，甚至有位警察也喜滋滋地加入——我们就这样融入德黑兰人的生活中。

今日农历四月十六，不知不觉夜色渐浓，玉兔西移，便乘地铁返回火车站。

火车站行李寄存处离候车室有点远，区域内还有清真寺、办公楼、行李房等。候车室分内外，外面的候车室可随意进入，上车前警察检查登记，然后进入里面的候车室，站内有饮用水和卫生间，都可免费使用。

车站的广播含混不清，显示屏又是波斯文，我只好不时询问旁边的伊朗人。一位蓄着络腮胡子的家伙说，他也去马什哈德，到时叫我。未几，大胡子挥手示意进站。随他挤过人流，来到月台。他又领我们找到列车员，交代几句，才打个招呼离去。

列车是中国制造，卧铺采用封闭的空调包厢，相当于国内软座或软卧。车厢里已经坐着三位伊朗中年人，我们进去，顿时感觉空间不足。中间铺可以折叠，我没看清，以为是四人间，便去找列车员理论。他指点一番，我才看清确实有六张床，上铺有六只蓝色的包，里面装着崭新的卧具。一番商议，我和伊朗人分别睡中上铺，栀子佩兰使用下铺。伊朗人打开窗户，凉风吹进，包间里的空气顿时新鲜起来，那些传说中的异味儿很快消失了。

大胡子来找我，说他的什么兄弟想认识我，拨通电话让我接听。声音很模糊，我的听力又不好，简单应付几句，便互道晚安，相约明天再见。

风声呼啸，凉意袭来，我裹紧毯子，很快进入梦乡。

# *Mashhad* / 马什哈德

博士买了瓶藏红花欲送我们。想到伊朗直线贬值的里亚尔，便婉转拒绝。他双手捂着胸脯，歪着脑袋无奈地说："这是马什哈德特产，我对你们很有感情，很有感情啊！"

◇德黑兰开往马什哈德的列车上，伊朗人对我们几个黄皮肤的家伙很好奇。

# 坐上火车去圣城

列车单调的咣当声，伊朗人夸张的呼噜声，似乎被遥夜无限地放大，着实让人难以消受。这也罢了，可是窗外呜呜的风声带来阵阵寒意，使我不争气的鼻子堵塞起来，翻来覆去，怎么也睡不踏实。

凌晨五点，对面的伊朗人突然爬起来。我大吃一惊，屏住呼吸，看这家伙欲行什么不轨。只见他蹑手蹑脚地跳下床，跪在狭窄的走廊里，面朝车厢门念念有词，继而匍匐于地，磕起头来。万能的真主啊，原来他在祈祷，我不禁长出一口气！每日的祈祷是穆斯林的必修课，没想到他们竟然如此虔诚，让我等没有信仰的人目瞪口呆。圣城果然名不虚传，宗教信仰是他们的基本生活方式，已植入穆斯林的骨子里。

胡思乱想间，他已经做完了功课，爬到床上若无其事地继续睡觉。而这厢，我还在暗自感慨呢。

天亮了，三个伊朗人坐在床上相互逗乐，笑声刺耳诡异。栀子抱怨他们“笑声很猥琐”，而佩兰还在惊惧中回忆他们半夜的祈祷。伊朗人从包里扯出一摞馕饼，分发给我们。我安慰栀子，他们别样的笑声也许只是天性使然。吃人家的嘴软，栀子说不出话来——伊朗人用实际行动证明他们只是表达自己的快乐。佩兰拿出红色的中国结作为回礼，伊朗人高兴地接受了，从老旧的手机里翻出家人的照片给我们看。显然，我们已经成了朋友，车厢里充满了快乐的气氛。

列车员过来推销早餐，我随他去看，有馕饼和红茶。栀子和佩兰已经吃饱，我便只点一份。就在此时，大胡子跑过来邀我去吃早餐，我示意刚刚点完，他则失望地直搓双手。

我拿出从国内带来的明信片，送给几位伊朗人：“这是中国的山水，图片是我自己拍摄的。”伊朗人夸张地重复：“真的？真的吗？”也不知道是假客气还是真欣赏。有个老头儿挤进来，居然想掏钱买，一时间，车厢里人满为患。我就像点着火的热气球，迅速膨胀起来，不觉飘飘然。我岂能收他的钱？慷慨送他一张，签上我的中文大名。老头儿高兴极了，捧着我的面颊亲吻起来——敢情拿我当土豆呢。这种礼遇我还没来得及习惯，有点不自然，旁边两位姑娘笑弯了腰。

伊朗人最常见的礼节是微笑、点头，对尊贵的客人右手贴胸、略欠上身。男士见面握手寒暄，一堆客套话；亲切熟悉的人则拥抱吻面，老朋友会亲吻额头。伊朗人不习惯身体上的碰触，如勾肩搭背牵手等。看来，这老头儿视我为知己。

大胡子叫礼萨·穆萨维（Reza Moosavi），伊朗人最常见的名字，但我还是习惯叫他大胡子。伊朗人的姓名构成分为伊斯兰以前和以后两个时期，公元7世纪上半叶前，伊朗人没有姓和名的区别，如波斯帝国创建者，所有文献记作“居鲁士”，这个词本身没有含义，只是个性化的符号。

“伊斯兰”（Al-Islam）是阿拉伯语音译，即“顺从、和平”，指顺从和信仰创造宇宙的安拉（Allah）真主及其意志，以求得两世的和平与安宁。伊斯兰教由麦加人穆罕默德创立于阿拉伯半岛。信奉伊斯兰教的人统称为“穆斯林”（Muslim)，意为“顺从者”。穆罕默德说：“如果你有两块面包，你要用其中的一块去换一朵水仙花。”受到圣训鼓励，阿拉伯人挥舞长剑向外扩张，于642年击败波斯萨珊王朝，古老的波斯文明逐渐伊斯兰化。

伊斯兰教传入后，伊朗人的姓名阿拉伯化，有名有姓且名前姓后。姓名分三节或三节以上，第一节为本人教名，第二节为父亲教名，第三节为祖父教名，如前国王巴列维，名穆罕默德·礼萨，姓巴列维。

姓氏不仅是血脉和家族的符号，本身也另有深义。有以祖先职业为姓者，有以祖籍或出生地为姓者，也有直接表明自己为“某人之后”者。女子婚后从夫姓，如前王后法拉赫（Farah），原姓迪巴（Diba），婚后改姓巴列维，但不少“女秀才”不管这些，我行我素。 伊朗人取名范围较窄，喜欢直接借用名人、先知、领袖的名字，不为尊者讳，如大胡子“礼萨”。我想，如果在马路边大喊“穆罕默德”或者“阿里”，肯定会围上来许多人。

大胡子穿件草绿色的短袖，浓密的络腮胡子包围了大半张脸，仿佛张飞再世，看上去桀骜不驯。他在马什哈德某机械厂做事，从装束来看，应该是工人阶级。

中午十二点半，火车准时到站。大胡子在月台上等我们，出站后，他拦了一辆出租车，问我们去哪里，我说伊朗饭店。不由分说，他抢先付了钱，交代司机几句，让我们打车走。为了阻拦他付钱，我几乎将他抱了起来，可有什么用呢？他是个热情固执的人，又不善言辞，便用这种方式表达对我们的友谊。

马什哈德城区分新老两部分，伊朗酒店在老城中心的礼萨陵园附近，离火车站不算太远。司机年过半百，两鬓微霜，趴在方向盘上，将车子开得飞快。伊朗曾经阔过，如今就像破落的贵族，带着祖先遗留下来的富人习气，譬如每家每户总有几辆汽车。因为没有车辆报废制度，只要能够启动就可以招摇过市。所以街头经常看到老款的标致和雷诺甚至奔驰，以及须发苍然弯腰驼背操控方向盘的老爷子，让人感慨世事的无常。

出租车穿过街区，窗外那些蓝色的拱形尖顶在阳光下闪耀，忽远忽近的祈祷声飘来，我不由得喜欢起来。

伊朗饭店挂四颗星，也涨价了。如果按广州的标准，顶多算三星级。栀子在前台交涉，说有人介绍过来，要求打折。最终经理出面，算是打了八折，两间房 220 万里亚尔。房间里有一大一小两张床，桌上有几本不同语言的《古兰经》，上面压着两块泥巴烧成的圆饼，天花板显眼的位置画着深色箭头，所指方向大概为伊斯兰圣地麦加。

# 富人去麦加，穷人去马什哈德

老城没有高楼大厦，天空显得格外深蓝，街头流淌着虔诚肃穆的味道。迎面而来的佳人，一袭黑色长袍，只留半面妆容，甚至仅露出两只蓝宝石般的眼睛，顾盼之间，伊人的美丽便尽在无穷的想象中了。驻足回首，她却如飘忽不定的黑色魅影，让人疑惧，不敢再看。

偶尔，从身边飘过的黑影真会让人尖叫——从头到脚裹在阔大的黑袍中，面部只留两孔"小纱窗"。倘在风高月黑的夜间不期而遇，准会吓个半死。其实，这种衣服叫布尔加（Burga）长袍，伊斯兰教传统服饰，我只能感慨自己少见多怪。

马什哈德是伊朗第二大城市，呼罗珊（(Khorasan)）省首府，伊斯兰什叶派圣地，伊朗现任宗教领袖哈梅内伊就出生于此。相对其他地方，这里的妇女装束明显要传统许多。在德黑兰，姑且不说五颜六色的着装，年轻的女孩子会尽可能将染过的秀发暴露在头巾外面，环佩叮当，绚丽多彩，时尚新潮。

圣城的历史充满了血腥和暴力。9世纪初，这里还是个名为萨纳巴德（Sanabad）的小村庄，距大城市图斯（Tus）24公里，有座以当时呼罗珊的统治者"哈米德·伊本·卡塔比"（Hamid Ibn Katabi）为名的夏宫。公元808年，阿拔斯王朝的哈里发哈鲁恩（Haroun al Rachid）平定河中地区的暴动后，病殁于此。

阿拔斯王朝的马蒙（Mamoon）任哈里发之前，为赢得什叶派穆斯林支持，请该派第八伊玛目阿里·礼萨（Ali Reza）由麦地那迁居图斯，宣布他为继承人。但后来马蒙见礼萨在什叶派中的声望越来越高，心生害怕，又将他毒死，

◇马什哈德的伊朗饭店，四星，天花板上有指向圣城麦加的箭头。

葬在哈鲁恩的陵墓旁边，小村遂因“马什哈德·礼萨”名世，也就是“礼萨殉难地”。人们将该地辟为公墓，什叶派穆斯林以死后归葬于此为荣，开始到礼萨陵墓朝圣。9世纪末，在礼萨陵墓上修建了圆顶，巴扎及其他配套项目也在周围蓬勃发展起来。

蒙古人烧杀抢掠使大呼罗珊许多城市被毁，马什哈德因城小地偏得以幸存，劫后余生的人们都搬迁于此。当摩洛哥环球旅行家伊本·白图泰（Ibn Battuta）于1333年到来时，马什哈德周围已成富庶的农业区，不仅是伊朗北部农副产品贸易中心和通往中亚的交通要道，也是丝绸之路进入伊朗的门户。他将马什哈德描述为大城市：有大量的果树、河流与磨坊，贵族的陵墓上建有优雅的大圆顶，城墙用彩色的瓦片装饰。

沙哈鲁（Shah Rukh）时代，马什哈德成为帖木儿（Taimur）帝国的主要城市。1418年，他的妻子戈哈尔沙德（Gowharsad）在礼萨圣地南边开始建造清真寺，这就是今天恢宏的戈哈尔沙德清真寺，正如她的名字“闪亮的宝石”般耀眼。

◇和德黑兰一样，马什哈德的有些街道也以烈士的名字命名，随处能看到伊斯兰革命时期遇难的烈士画像。走在路上，似乎能感受到革命的氛围。

此后百余年，蒙古人、乌兹别克人（Uzbek）先后占领马什哈德。萨法维时期，阿巴斯大帝经长期血战，在赫拉特（Herat）附近击败乌兹别克人，将他们赶过阿姆（Amu）河，于1597年重新夺回这座城市。阿巴斯鼓励伊朗人去马什哈德朝圣，而且身体力行，亲自从伊斯法罕徒步前往圣城。马什哈德获得了更多的宗教认知，成为大呼罗珊地区最重要的城市，几座伊斯兰大学和其他组织在礼萨圣地附近建立起来。

马什哈德也是伊朗重要的政治中心。1736年，来自阿夫沙尔（Afshar）部族的首领纳迪尔率军把阿富汗人逐出伊朗，以马什哈德为中心建立阿夫沙尔王朝。此君出身农民，可谓“从奴隶到将军”，但生性残暴嗜杀，恶名昭著。他率军洗劫印度，搜刮到无数珍奇，曾慷慨捐助礼萨圣地，但最终于1747年被侄子杀死在军帐内。1796年，恺加王朝的阿迦（Agha Mohammad Khan）征服大部分呼罗珊地区，马什哈德失去其王都地位。

◇马什哈德街头的小店铺，老板笑眯眯的，配合我拍照。藏红花每克约合人民币 15 元，伊朗的干果也挺有名气。

1912 年礼萨圣地遭到俄国军队的轰炸。1935 年，出于对巴列维反宗教和现代化政策的不满，马什哈德爆发起义。反政府的毛拉（Mawla）号召商人和村民在圣地避难，颂唱口号如“国王是新的异端”长达四天四夜。警察和军队一直拒绝侵犯圣地，但最终来自阿塞拜疆的部队还是攻入了圣地，造成数十人丧生、上百人受伤的惨剧，这件事标志着什叶派穆斯林和国王的最终决裂。

圣地也发生过恐怖事件。1994 年 6 月 20 日，即阿舒拉（Ashoura）日，一个祈祷厅中有枚炸弹被引爆，造成至少 25 人死亡。

“阿舒拉”源出阿拉伯语，意为“第十天”，相传为亚当、诺亚、摩西等先知获救的日子。公元 680 年，穆罕默德的外孙侯赛因（Imam Hussein）对当时继任的哈里发不服，被以库法（Kufah）为中心的什叶派拥为哈里发，便与家属一行 80 余人离开麦地那。行抵伊拉克境内的卡尔巴拉（Karbala）时，遭倭马亚王朝 4000 骑兵追击，全部战死。此日正是伊斯兰教历 1 月 10 日，什

◇精致华美的戈哈尔沙德清真寺的西面走廊。

叶派认为侯赛因是殉教圣徒，此日遂被定为该派的蒙难日和哀悼日。每年阿舒拉日，什叶派穆斯林都会举行隆重的纪念活动，甚至以铁链抽打自己以示惩戒。

什叶派穆斯林的一个显著特点是悲情主义和所谓弥赛亚（救世主）情结。侯赛因生前曾娶萨珊末代公主为妻，此后的圣裔便有了波斯血统，他壮烈战死被什叶派穆斯林视为殉教，因此备受尊崇。

无论如何，伊朗最重要的什叶派圣地马什哈德是有故事的城市，能翻出许多旧账。虔诚的穆斯林说，富人去麦加，穷人去马什哈德。每年有超过 2000 万穆斯林到此朝觐，去过麦加的穆斯林称“哈吉”（Haji），而到过马什哈德的信徒则叫“马什德”（Mashtee）。作为伊朗宗教中心，马什哈德拥有多所知名大学，吸引全世界穆斯林青年前来学习，这些学生叫“塔利班”（Taliban）。

当然，这里的“塔利班”，在波斯语中只是“伊斯兰教学生”。

# 礼萨圣陵里的“**神仙妹妹**”

*“裹在黑袍子里的女人，是蚌壳里的珍珠。”*

*——伊朗谚语*

伊玛目礼萨圣陵（The Holy Shrin of Imam Reza）的南门对面有家冷饮店，栀子和佩兰见了，不约而同钻了进去。伊朗的雪糕很甜，通常会添加大枣、杏仁、核桃和各种干果，美味非常。一碗过后，居然不思茶饭，便招呼她俩去礼萨圣陵。

当地人称礼萨圣地为“Haram-e Rezavi”，高耸入云的宣礼塔正在修缮中，周围布满铁架子，实在有碍观瞻。千余年来圣陵屡遭破坏，但重建和扩展从来没有停止，目前已形成包括陵墓、清真寺、经学院、博物馆和医院等在内的庞大建筑群，占地 11 万平方米。

门口有身穿蓝色制服、手拿类似鸡毛掸子的工作人员，听我们道明来意，便让我们先去存包。一位神职人员问我有什么信仰，切勿鄙视，我脑海里居然冒出“金钱”二字。出于对圣地的尊崇，我说“道教”。坦白地说，我是无神论者。但也不算说谎，我偏爱庄子，尤喜《逍遥游》“若夫乘天地之正，而御六气之辩，以游无穷者，彼且恶乎待哉？”但若将此作为信仰，我自己心里都没有底气。

他当然不知道道教。我说是中国本土宗教，集佛教、基督教和伊斯兰教大成，注重修身养性。他估计不相信，或者不明白，无奈地摇头。说话间，一位身着黑袍的“神仙妹妹”款款而来，她抱着两件白底碎花的长袍，帮栀子和佩兰穿戴起来。长袍其实就是斗篷，颈脖位置有带子可系，穿上后就像“装在套子里的人”，远远看时，又如移动的“感叹号”。

男女经不同的通道进入陵园。空旷的广场很干净，有蓄水池和喷泉，四周尽是装饰华丽的宣礼塔和拱形门。还不到礼拜时间，清真寺前的地毯上三三两两坐满信徒，或交谈，或读书，或冥想。身着黑袍的女人席地而坐，看起来如绵延的黑色金字塔，让人感叹真主的无所不能。

陵园南面就是戈哈尔沙德清真寺。高达 50 米的圆顶，六边形基座，天圆地方，精美别致。这位皇后对马什哈德情有独钟，在此建成中亚最辉煌的清真寺，历史学家称其为“伊朗 15 世纪留下的最伟大的历史遗迹”。

清真寺（Masjid）是穆斯林举行宗教活动的场所，亦称“礼拜寺”，阿拉伯语为“叩拜之处”。《古兰经》说：“一切清真寺，都是真主的，故你们应当祈祷真主，不要祈祷任何物”。伊朗有 8 万座清真寺，伊斯兰教的“六大信仰”和“五项功课”，以及每日例行的五次礼拜，都可在清真寺举行，

一男一女两个神职人员陪我们游览，大概觉得有些“浪费”，男子交代几句便挥手离去。黑色长袍遮不住“神仙妹妹”曼妙的身姿，在伊朗女子中，她算是娇小玲珑，一丝秀发都不曾暴露，只见素颜明眸高鼻深目。接下来，她就是专职的解说和导游，带着我们四处参观。事实上，她希望我们多提问题，作为神职人员，宣扬伊斯兰教义是她神圣的职责。

袍子太长，拖到地上，头发也不受管束，栀子和佩兰顾头不顾腚，我不禁暗自好笑。一行人先到陵园办公室，脱鞋进去，里面的气氛严肃得有些凝滞。年长的神职人员正在看书，眼镜滑到鼻尖，目光从上面掠过，一派学者风范。看到我们，他没有说话，只微笑点头。旁边还有张办公桌，后面英俊的小伙子站起来，和“神仙妹妹”交谈几句，拿出三袋资料递给我们。里面是有关陵园的历史和简介，以及十余张精美的图片。

陵园里有许多庭院，经过一间铺满地毯的院子，“神仙妹妹”说：“这里是阿拉伯人举行礼拜的场所。”圣地为不同国家和派别的信徒建有专门的祈祷厅。一方绿色的桌子上堆着钱币状的泥巴块，“钱币”直径多三五厘米，有些上面刻满古兰经文和图案，就像藏地玛尼石，但更精致规则。她说：“这是圣石，为了表示虔诚，什叶派穆斯林礼拜时，额头轻贴圣石咏诵《古兰经》。”怪不

得宾馆里配备有《古兰经》和圣石，原来如此用场啊。

我见过“五体投地”磕长头的佛教徒，以致他们的额头结着很厚的痂。看来，虔诚的教民对信仰的表达如出一辙，大概互相借鉴吧？我想带一块留作纪念，神仙妹妹挑了块没有图文的六角形圣石，说这块用马什哈德的泥土烧制而成，有文字图案的来自伊拉克。

圣陵正在维修期间，从外面只能看到用塑料布围起来45米高的大圆顶，据说以纯金包裹。内部由墓冢、大厅和附属建筑组成，石棺放在用金银焊成的栅栏内，如同关在笼子里，上面盖绿色布幔，堆了许多钱币和纪念物。周围挤满信徒，有些在往里投掷钱币，有些伸长了脖子探头张望，有些神色悲戚地抚摸栅栏，有些将额头贴于圣石长跪不起。除此，或默默祈祷，或暗暗流泪，或静静打坐，旁边还有不谙世事的孩子睡得正香。

万能的真主啊！无论如何，这样的场景让我动容。我领略过印度教的“恒河夜祭”，佛教的“金佛洗脸”，那种虔诚与尊崇，可谓感天动地。这唯心的、精神的、纯粹的心路历程，他人又岂能理解？然而，我不能驻足流连，因为此地男女必须分开，手拿鸡毛掸子的“蓝制服”左右逡巡，违反规矩的家伙会挨上几下。

虔诚的人们吸引了我的注意力，以致忘记了伟大的建筑。事实上，圣陵的建筑繁复华丽，墙壁图案全部用小块瓷片拼成，严丝合缝，精美绝伦，让人怀疑是否人力所为。房间里温度适宜，光线良好，许多人云集于此，居然没有异味，可见其采光通风多么出色。

圣陵里面有几个小型的主题展览，通过文物、书画、照片介绍圣陵的和伊斯兰教的历史渊源。真主也有疏漏，让大家信仰同一部《古兰经》，却没说不分派系，后来的历史进程中，伊斯兰教主要分化为逊尼（Ahl al-Sunnah）、什叶（Ahl al-Shi'ah）两派。先知穆罕默德既没有儿子，也没有明确指定继承人，他的接班问题，成了伊斯兰教分裂的历史根源。

逊尼派信徒众多，分布于大多数伊斯兰国家，是主流派别。逊尼派认为“哈里发”——安拉使者的继承人，只是信徒的领袖，无论是谁，只要信仰虔诚，都可以担任。什叶派占整个穆斯林人口的15%，信徒主要分布在伊朗、伊拉克等国。阿拉伯语“什叶”意为“党徒、宗派”，什叶派认为，只有穆圣的女

◇穿着黑色罩袍的“神仙妹妹”带我们四处参观。

婿和堂弟阿里及其直系后裔才是合法的继承人，这种思想被世袭和血统观念强烈的波斯人接受并发扬，从而成为“逊尼”和“什叶”最重要的区别。

第四任哈里发阿里在库法被人用带毒的军刀刺杀，归葬于“和平谷”纳杰夫（Najaf）。追随者什叶派认为他是唯一合法的哈里发，是伊斯兰教最杰出的圣徒。“哈里发”（Khalifah）是伊斯兰政治、宗教领袖，起初是指穆罕默德的继承人，即穆斯林社群组织的领袖；后来“哈里发”为倭马亚、阿拔斯等王朝的统治者袭用，其内涵与原意相去甚远。

波斯人对什叶派的形成和壮大起了重要作用。倭马亚王朝统治时期，波斯人深受压迫，以库法为中心的什叶派，在阿里遇害后，力邀其子哈桑（Hasan）、侯赛因扛旗举事，最终导致倭马亚王朝覆灭。16世纪初，萨法维王朝统一波斯，奉什叶派为国教。

波斯人放弃拜火教，皈依伊斯兰，其实是将伊斯兰教本土化、民族化，以维系波斯的传统文化和民族精神，使其成为抵御外来威胁的精神支柱。换个说法，什叶派就是波斯化了的伊斯兰教。就像佛教进入中国后，逐渐本土化。

今天的伊朗人多信奉什叶派，也就是十二伊玛目派，即阿里、哈桑、侯

◇礼萨圣陵里，身着黑袍子的伊斯兰妇女就像移动的“感叹号”。

赛因、萨贾德、巴基尔、贾法尔、穆萨·卡齐姆、礼萨、穆罕默德·塔基、阿里·哈迪、哈桑·阿斯凯里、马赫迪。除第二、三伊玛目为兄弟，其余子承父业，其中十位被毒死，而战死的侯赛因是什叶派穆斯林心目中的英雄。第十二伊玛目马赫迪是“隐遁者”，即救世主，人们相信他依然在世，只是隐遁起来，末日来临就会现身，将公正带给人间。

所谓伊玛目（Imam），就是宗教领袖，源自穆斯林做礼拜时的领拜人，后引申为领袖、表率、祈祷主持、法学权威等。而礼萨陵园，就是安葬什叶派第八伊玛目礼萨的圣地，他是唯一葬于伊朗境内的伊玛目。第三伊玛目侯赛因曾娶萨珊王朝的末代公主为妻，所以礼萨有波斯血统，倍受伊朗人尊崇。

礼萨是麦地那（Medina）人，阿拔斯王朝建立不久，他即被推举为伊玛目，国王马蒙将其立为王储，招作驸马。此举引起巴格达皇室的强烈反对，马蒙叔父甚至自立为哈里发。为平息事态，马蒙在向巴格达进军前，毒死礼萨。还有个说法，马蒙妒忌礼萨在什叶派中的声望，怕影响自己的统治地位而毒死他。不论如何，礼萨死得有些无奈，有些窝囊，远不及其祖侯赛因。

古德斯（Quds）博物馆是陵园里唯一要购买门票的地方，5 万里亚尔。

我觉得，馆内设施和布局比德黑兰的国家博物馆更为专业，9个展厅里主要陈列马什哈德的历史文物，礼萨早期的墓石、花剌子模（Khwarezmia）时期的下水管道、公元前4世纪到萨法维时期的硬币等。《古兰经》展厅里有不同时期、不同材质的各种版本的经书，阿拔斯时期的手抄《古兰经》，据说为孤本，是馆中珍品。哈梅内伊展厅有他成长和发迹历程，不乏来自中国的礼品。其他还有天文、武器、邮票、地毯、贝壳、绘画等展厅。

绘画展厅中为伊斯兰教传说故事，人物面部空白。“神仙妹妹”说：“真主是无形的，无处不在，无时不在，故圣像不能画出面容。”相处久了，自然稔熟，便尝试问一些私人问题。栀子问：“你们将自己包得这么严实，有没有完全释放自己欲望的想法？”答曰：“我们在公众场合必须严守教规，但在家里可以穿最漂亮的衣服。”答非所问，不知道她没听明白还是有意回避。我问：“有来自中国穆斯林吗？”她说：“有，但不多。”

一个角落里摆着个铁架子，上面插满武器、羽毛、盔甲、器械和红色布条，看起来有些恐怖。“神仙妹妹”说，这东西在阿舒拉节时才用，现在只当作纪念。公元680年，第三伊玛目侯赛因于阿舒拉日战死，首级高悬巴格达示众。后来每逢阿舒拉日，人们会争抬模拟的侯赛因遗体游行，痛哭流涕，甚至鞭挞自己。这副架子大概就是模仿遗体遗物的道具吧？可能觉得有些血腥，“神仙妹妹”没有细说。

她不太鼓励拍照，但还是带我们到铺满地毯的广场，找到最好的角度。我想给她拍张照片，她摆手拒绝。我怀疑，她带我们参观，既是导游，又是监控，免得我们乱看乱闯？穆斯林每日做五次礼拜，即日出、正午、下午、日落和夜晚，据说什叶派只做三次。我本来想看壮观的礼拜场面，但还不到时间，只好另做计较。

见“神仙妹妹”陪了这么长时间，栀子和佩兰过意不去，问我要不要给人家付钱。我想她是神职人员，肯定不会沾染钱物。果然，当佩兰送她中国结时，她说：“这是我的工作，不能收任何东西。”我劝道：“这只是来自中国的小礼物，普通纪念品而已。”她感谢着收下，说那两件宽大的披风可以带走。其实，圣陵里提供许多免费设施和服务，如袍子、经书、饮水和轮椅，甚至穆斯林的葬礼，都可以在圣陵里面举行。

◇左：戈哈尔沙德清真寺。历史学家称其为“伊朗 15 世纪留下的最伟大的历史遗迹”。
◇右：一座清真寺装饰精美的门廊部分。
◇下：礼萨圣陵戈哈尔沙德清真寺前铺满了地毯。还不到礼拜时间，人们正在四处参观。

# 国王的史诗

这三十年我付出许多辛劳，
用这波斯语复活整个伊朗。

——菲尔多西

莫特扎（Morteza）又细又长，留八字胡，伊朗盛产这种类型的瘦高个儿。待搭乘出租车的客人离去，我问："去菲尔多西（Firdowsi）墓多少钱？"

"打表。"他盖上后备厢，回答简短而明确。总算碰到真正的计程车，我不再说话，催促栀子和佩兰落座。莫特扎略懂英语，总以单词回答问题，倒也干脆利落。菲尔多西墓在马什哈德西北的图斯城，距圣陵 20 来公里。然而，当时我不知道距离这么远，以为打表最为公道，所以欣然接受。

出租车跑了很长时间，路边的景色越来越荒芜，我不由得焦急起来。莫特扎不慌不忙，一手握方向盘，一手翻看地图。地图碎成了好几片，如何能够看得清？不时出现的险情使栀子害怕，便让他停车。我俩将地图拼起来，他标出我们大概的位置——已经快到了。

菲尔多西陵墓是波斯园林式布局，环境幽雅，草木茂盛。铁门前有几个游客模样的人，似乎在和保安争辩什么。糟糕，别是下班了吧？不幸被我言中。保安正在劝解欲入内参观的几个本地人，说已经下班。他们愤愤不平，但也无可奈何，只好不情愿地离去。我有些沮丧，见保安尚没锁门，就说只拍几张照片，便闪身进去赶紧按快门。

◇傍晚，菲尔多西墓碑倒影在陵园的水池里面。

夕阳欲沉，一切空灵而纯净。门口有四面伊朗国旗，在晚风中飘扬，一行花盆直铺到水池前，落日的余晖照在高耸的墓碑上，温暖而安详，诗人就躺在下面。

我走出来，莫特扎看见我们的苦瓜脸，便过去和保安交涉。“我们从中国来，很喜欢伊朗，专程来看尊敬的诗人。”我大打感情牌，保安说“等那几个人走远，你们再进来。”那几辆车终于消失在视线内，保安又打开铁门。仁慈的真主啊，我们是多么幸运，在这个充满爱的国度，享受到了特别的关照和礼遇。

公元 940 年，菲尔多西出生于图斯城郊一个“曾经阔过”的家庭，他历时 35 年，完成巨著《列王记》。但他将诗稿献给当时的伽色尼（Ghaznavid）国王时，因与之分属不同伊斯兰教派，书中又充满反抗异族侵略思想，结果落得四处流亡。死后还遭“地头蛇”反对，未能入葬公墓，只好埋在自家后院，直到 1934 年，伊朗政府才为他建造陵园——这“平反”来得也太晚了吧？

菲尔多西与萨迪、莫拉维和哈菲兹齐名，被誉为波斯“诗坛四柱”。他在前人基础上进行再创作，完成长达 6 万双行的新《列王记》（Shah Nameh），亦称“王书”，意为“国王的史诗”，叙述古波斯王朝的文治武功和英雄事迹，介绍阿拉伯人入侵前波斯 50 位帝王和四千年来流传在民间的神话传说。神话故事最出色的是铁匠卡维（Kaveh）推翻暴君的故事，史诗歌颂勇士鲁斯塔姆（Rustum）的英雄事迹，历史部分则讲述萨珊王朝的宫廷阴谋。

《列王记》用波斯文写成，本为复兴和捍卫波斯传统，夹杂大量阿拉伯词汇，语言生动，情节曲折，在伊斯兰世界广泛流传，先后被译成包括中文在内的多种语言出版发行。德黑兰古列斯坦宫藏有手抄本，可惜我没看到。

我用诗歌高筑巍峨的殿堂，
任风吹雨打也不会倒塌毁伤，
这部书定将世世代代流传，
凡有理性的人都会诵读瞻仰。

——菲尔多西

墓碑建在正方形的塔基上，四面刻着菲尔多西的诗句，抬头仰望，似乎能听到菲尔多西独白。旁边水池里有诗人汉白玉雕像，正襟危坐，腿部放着一本书，仿佛将要翻开新的篇章。墓碑底层是博物馆，透过窄小的窗户，看到里面的大型浮雕和塑像。保安说，那是根据《列王记》创作的浮雕，关于英雄鲁斯塔姆的故事。可惜不能到跟前欣赏，人家已经让我们免费参观，脸皮再厚，也不好意思得寸进尺。

保安让我们从侧门出去，以免被别人看到。再三道谢，别过保安，踏上归程。我告诉莫特扎在菲尔多西大学门口停下来，“咔嚓咔嚓”就走。菲尔多西大学建于 1949 年，属伊朗国立大学，以文科著称。

马什哈德新城比较整齐，有现代化的街道、住宅和旅游设施。前面有群人在围观，莫特扎放慢车速，看到一个脚步发软打着趔趄的年轻人被警察控制起来。莫特扎说：“也许，我是说也许，他喝多了伏特加。”我明知故问：“穆斯林不准喝酒？”莫扎特点头称是。“你喝不喝酒？”他微笑，摇头，不置可否。

转来转去来到学校侧门，有人值守，莫特扎问能否进去，保安摇头拒绝。既然进不去，就直接回伊朗饭店。

我问到内沙布尔（Neyshabur）多少钱，他说 50 万里亚尔。如此便宜？见我们怀疑，他拿出 50 万面额的纸币予以肯定。临别，留张纸条儿，上面分别用波斯语和英语写着他的名字和电话号码。

◇水池中的菲尔多西雕像，他是中古世纪波斯“诗坛四柱”之一。

# 博士居然是蒙古人后裔

路边有家比萨店，门口有烤炉，铁钳上穿着一只肥硕的肉鸡，正在慢条斯理地转圈儿。随着轻微的吱吱声，那香味便飘散开来，三人对望一眼，不约而同地走进去。突然记起大胡子，栀子提议请他吃饭。前台英俊的小伙子帮我打通了电话，大胡子答应赴约。我们便先要来比萨，边吃边等。

就在耐心行将耗尽的时候，大胡子的兄弟先到了。待他落座，服务生端来烧鸡面包和饮料。伊朗的商店和餐馆里没有啤酒，但有种“伊朗啤酒”，味道虽然像极了啤酒，却不含酒精，深受当地人喜爱。

大胡子还没来，我们边等边吃边谈。这兄弟年约四十，头发已经花白，黄皮肤黑眼睛，五官居然如东亚民族。果然，他说自己是蒙古人后裔，曾在美国攻读博士，现供职于某银行。我姑且信了，既然是博士，读这么多书，自然熟知本国的教育情况吧？我突然关心起伊朗的国计民生来：“伊朗国民接受教育的情况如何？”

他想了想，目光有些闪烁：“你是说伊朗国民的识字率？大概在60%以上，但我不能确定。”有资料说，伊朗政府重视教育，推行各种层次的免费教育和培训，中小学为义务教育，成人识字率接近90%。

博士拿起伊朗啤酒，手指扣在易拉环上：“你知道，伊朗有大量的农村人口，还有许多许多的难民群。对伊朗来说，这些人的教育是个麻烦。”他用了两个“许多”，数年前，阿富汗和伊拉克曾是伊朗最大的难民输入国。

“难民有没有医疗保障？”我是医学工作者，自然而然地想到这个问题。

“是的，但很难。政府在安置难民的社区里建了许多医疗点，具体情况我没法准确回答。”他呷了一口饮料。

“伊朗的医疗保险制度如何？”我接着问。

“伊朗实行二级医疗体系，村镇社区有免费的初级医疗机构；大城市里的医院是二级医疗机构，大病重病有医疗保险，个人只付很少的钱。”

“那农村呢，有没有看病难的问题？”

“一样，有免费的医疗机构，但到城里看病需要付部分费用，大部分国家报销。”他摇了摇头，撕下一只鸡腿，小心用刀切好，然后夹到面包里。“政策是这样，但实际上我们也有看病难的问题。尤其最近几年，医保出现很大问题，政府部门和大企业则另当别论。”

我说：“银行肯定也不错，还有你们的石油公司。”他微笑着摇了摇头，不知道是默认还是否认，眼神里流露出东方人特有的精明。他的故事大抵要追溯到13世纪，其时蒙古人入侵大呼罗珊，许多城市被毁，他的祖上也许就是当年的侵略者？这话我可不敢说出来。所谓大呼罗珊，是波斯时期的称呼，包括现在伊朗、阿富汗、塔吉克斯坦、土库曼斯坦和乌兹别克斯坦部分地方，曾被希腊人、阿拉伯人、突厥人和阿富汗人统治。

◇“我在青春时分，也曾热访过博士圣人，滔滔的宏论听了多回。”大胡子礼萨和他的博士朋友，我请他们在一家比萨店里共进晚餐。

“原来和中国的情况差不多啊。”栀子也在银行工作，深有同感。博士见我们一男二女，比较好奇：“你们是什么关系啊？”

“我们只是结伴旅行，算是朋友吧。”栀子笑着说，佩兰的英语不好，要紧的内容我们翻译给她听。接着谈金融、职业、旅行，甚至国际关系，博士抱怨伊朗的货币贬值太快，导致他们的购买力直线下降。正聊得起劲，大胡子风风火火地来了。

我给他当胸一拳，问他为什么来这么晚，他只是呵呵傻笑。此君是个粗人，才不管什么斯文礼仪，双手并用，撕下半只鸡，就着面包狼吞虎咽起来。此前我们已经饱餐比萨，这烧鸡就由他俩解决。

夜色渐阑，我起身结账，大胡子拦住我。说实话，我能感觉到，他的阻拦并不彻底，只是做出“想付钱”的样子。当然，我等这么长时间，可不是叫他来结账的。也许是件小事，姑且算是感谢他们的热情关照，或者说想和本地人进行更深入的交流，除此，我还能做什么呢？账单出来了，35万里亚尔，折合人民币不足70元。五个人呢，有酒有肉有菜，还略有剩余，真划算。

大胡子提议带我们去逛马什哈德市区。时间太晚，栀子和佩兰有些顾虑。我倒不担心安全，只是两夜没休息好，需要早点睡觉，便婉言谢绝。博士跑到路边店里，买来一瓶藏红花，塞到佩兰手中。呼罗珊是藏红花的故乡，这里的产品应该货真价实，一小瓶不足5克，约60万里亚尔。我是不是像个小人，居然算起这笔账？非也，想到他们贬值的里亚尔，我等萍水相逢，岂能接受如此贵重的礼物？

虽然是临时结伴，但我不愿让她们接受礼物，示意佩兰将小瓶儿还给他。他又给我，我再还他。最终，博士双手捂着胸脯，歪着脑袋无奈地说：“这是马什哈德的特产，只送给尊贵的客人，我对你们很有感情，很有感情啊！”我很想来句“君子之交淡如水”，一时找不到合适的英语词汇，只好说：“非常感谢，欢迎去中国旅行。”

我和博士拥抱，和大胡子拥抱，互道珍重。

# *Neyshabur* 内沙布尔

莫特扎车里放着三本词典，他为了能和我们更好地沟通，可谓用心良苦。如此认真的态度，除了感动和佩服，我还口头表扬一番，他不好意思地笑了。

# “没去过内沙布尔，就不算真正的旅行家”

我在青春时分，
也曾热访过博士圣人，
滔滔的宏论听了多回；
可我依然出来——由那原径。

——《鲁拜集》

伊朗饭店提供自助早餐，主食是馕和面包，配菜为西红柿、黄瓜、酸奶、黄油、饮料和各种甜酱，还有略带酸味儿的黄豆汤。后来的行程中，几乎所有酒店的自助餐都差不多，甚至连伊朗家庭野餐的食物，也相差无几。

我将写着莫特扎电话的纸条儿交给栀子，让她打电话联系，我则赶紧去买当晚到设拉子（Shiraz）的机票。售票处就在酒店隔壁，离上班还有 5 分钟，一个圆头圆脑的年轻人让我稍等。伊朗人这么守时？原来他也需要打电话咨询。今晚七点半的航班最适合我们，但要在对面的代理点出票。他见我有些犹豫，便径直带我到代理点办好所有手续。伊朗人的热情让我感动，我开始害怕自己会越来越习惯享受这种超乎寻常的关照。

机票含税 160 万里亚尔，约 300 元人民币，相当于国内的特价票。听说因为制裁，伊朗国内航班客机年久失修，游客多不愿意选择飞行。前些时间有航空公司倒闭，理由是飞机长时间得不到检修。

原计划八时出发，但因为佩兰无休止的磨蹭，启程时已近九点。其实，莫特扎早就来了，我买机票的时候，看到他将车停在路边，耐心等待我们。车里多了三本词典——他为了能和我们更好地沟通，可谓用心良苦。如此认真的态度，除了感动和佩服，我还口头表扬了一番，他不好意思地笑了。

伊朗的出租车多为自主品牌“萨曼德”（Samand），波斯语为“野马”，标识就是个马头，是霍德罗（Khodro）汽车集团旗下产品。伊朗满街跑的汽车多数为霍德罗制造，常见的外国品牌为法国标致和雷诺，偶尔能看到中国制造。车牌与国内不同，左边有国旗和国名。

内沙布尔位于马什哈德西 80 多公里处，公元 3 世纪由萨珊王朝的沙普尔一世（Shapur Ⅰ）所建，故以前译作“尼沙普尔”（Nishapur）。尼沙普尔为呼罗珊最早的首都，伊斯兰教什叶派的中心，也是丝绸之路上的贸易重镇，绿松石的出产地。5 世纪曾是皇家驻地，塞尔柱时期为文学艺术和教育中心，13 世纪遭蒙古人破坏。

世界曾流行一句话：“人生旅行必经两件事——在尼沙普尔晨起，在巴格达过夜。”中世纪的尼沙普尔是波斯帝国的知识之城，与开罗、巴格达齐名。有人武断地说：没去过尼沙普尔，就不算真正的旅行家。现在的内沙布尔，仍然是呼罗珊的历史名城。昨天乘坐火车路过，今天又返回来重走老路，只能怨自己攻略做得不够仔细。

◇“树荫下放着一卷诗章，一瓶葡萄美酒，一点干粮。”莫特扎铺上毯子，倒上红茶，拿出馕饼，通常的伊朗人就这样举家出游。

伊朗到底是曾经阔过的人家，发达的公路网络让人惊叹。八车道高速路，中间的隔离带相距很远，几乎就是平行的两条线。莫特扎叮嘱我们，如果有警察拦车，就说是他的家人。对他这句话，我甚至没反应过来，还是栀子机敏。我觉得有些好笑，我们这副尊容，怎么可能像他的家人？就算说谎，也应该专业点啊。我提议就说是亲戚，莫特扎同意。这年头，有点海外关系很正常。我没细问原委，想来城里营运的出租车不能跑长途吧。

说曹操，曹操就到。果然有警察拦车，莫特扎点头哈腰地上前理论，我们只能在车里看着。他带来一张罚款单，原来后排的栀子没系安全带，不关“中国亲戚”的事。我坐副驾驶座，上车就系好安全带，大概中国人还不习惯坐后排系安全带，而佩兰却系着，也许他提醒过？莫特扎没有说清楚罚款多少，我将打印出来的单据看了几遍，全是波斯文，没找到罚款金额，便随手放在口袋里，留作纪念。

窗外绿色稀疏，斑斑点点，点缀在空旷的原野里，不时闪过的警示牌，提醒系好安全带。还不到十点，太阳就像巨大的火球，毫不掩饰它的肆意妄为，这些绿色会就此消歇么？真让人揪心。可是，总会有惊喜出现，公路两边无穷无尽的白色风车，不紧不慢地转着，一幅战天斗地的画面。此情此景，似曾相识。哦，记起来了，印度拉贾斯坦（Rajasthan），我的杰伊瑟尔梅尔（Jaisalmer）沙漠之旅——戈壁滩里的情景总是如此相似。难道，严酷的沙漠气候最适合雅利安人吗？

呼罗珊是藏红花的出产地，这花儿原产欧洲南部、小亚细亚和伊朗，由蒙古人带到中国，和西藏无甚关联。藏红花是世上最名贵的香料，据说 7.5 万朵花才有 9 两成品。伊朗有藏红花茶、藏红花饭，欧洲人也以烹调为主，中国人则将其入药，作为活血化瘀的圣品。

有个方子叫“桃红四物汤”。当归、川芎、芍药、熟地组成调经补血的“四物汤”，如有血行不畅导致的月经不调等，加桃仁、红花以养血活血，可治妇女血虚血瘀证。方药里多用草红花，藏红花则功效更好，断非长生不老药，但在商人们嘴里，藏红花几乎包治百病。有些中国游客，甚至不知道藏红花为何物，也要跟在别人后面买上几盒。伊朗对此有所限制，外国人携带藏红花不得超过 200 克。

# “我自己就是地狱，就是天堂”

莫特扎对内沙布尔不熟，一番打听，总算找到奥马尔·哈雅姆的（Omar Khayyam）陵墓。且不忙进去，他将车停在树林边上，从后备厢里拿出暖瓶和塑料筐，每人先来一杯茶。我边喝边说：“如果再有一块毯子铺在草地上，我们就像出外旅行的伊朗家庭了。”栀子睁大眼睛：“你说完没有？”我回头看时，惊讶得差点叫起来。

此君变戏法似的，果真拿出地毯铺在树林边。他的筐子就像百宝箱，有馕饼、水果和各种酱料。于是，我们席地而坐，喝茶吃馕——感受伊朗人的日常生活。茶色深红，入口醇香，伊朗人喜欢加糖饮用。最早的制糖技艺来自印度，由唐人王玄策带到中国，中国人将其精细化，再由丝绸之路向西传播。

树荫下放着一卷诗章，
一瓶葡萄美酒，一点干粮，
有你在这荒原中伴我欢歌——
荒原呀，啊，便是天堂！

——《鲁拜集》

此情此景，九百年前的诗人如何预知？郭沫若曾翻译过哈雅姆的《鲁拜集》，是以在中国广为流传。

树林对面是伊玛目马赫鲁格（Mohammad Mahroogh）圣陵，漂亮的蓝底碎花圆顶，墙壁精细得让人不敢触碰。马赫鲁格是第四伊玛目萨贾德（Sajjad）的儿子，马蒙执政期间，曾在内沙布尔旅行。因他是“反革命分子”，被当局刺杀后放火焚烧，差点毁尸灭迹，所以“马赫鲁格”的本意就是“燃烧马赫鲁格”。拥护者为他建起圆顶的烈士陵墓，后被蒙古人摧毁。萨法维时期，一位著名的富商翻修圣陵，添加了许多元素，伊斯兰革命后再次重建。

我独自脱鞋进去，墓室空旷安静，铺着华美的地毯，灵柩放在金银焊成的笼子里。一位信徒扶着栏杆，神情悲戚，正在虔诚地祈祷。伊斯兰陵墓是伊斯兰建筑的典范，精美壮观。如泰姬陵，可谓世上最奢华的坟墓，甚至是印度旅游的标志，其模样和清真寺区别不大。

奥马尔·哈雅姆的陵墓就在对面。他于1048年出生在内沙布尔，是著名的波斯诗人、数学家、医学家和天文学家。传世名著《鲁拜集》（The Rubaiyat）否定神学和来世，谴责伪善的神棍。“鲁拜”意为“四行诗”，一首四行，一二四行押韵，第三行多不押韵，这分明就是我国的“绝句”嘛。此公纵情诗酒，是名副其实的“天才”，在天文学方面成绩斐然，修订波斯历法，建造天文台，著有《代数学》，还做过宫廷御医。

金庸笔下的小昭与张无忌离别时唱：“来如流水兮逝如风，不知何处来兮何处终，沧海茫茫挂帆去，天涯从此各西东。”

这波斯小曲儿就出自《鲁拜集》，只不过被金大侠改编得更具中国古典风。

陵园环境清幽，花木茂盛，有许多当地人前来参拜。有趣的是，墓室独具风格，如许多菱形组成的网罩，仿佛他只是在此露营。“哈雅姆”本意为“造天幕的亚伯拉罕的儿子”，他早期子承父业，是个做帐篷的工匠，怪不得死后也不忘睡在帐篷里。而墓冢更有个性，很不规则的五角形，底座却有八条边，侧面还挖出几个三角体。据传，诗人在世时曾说：“我的坟墓所在的地方，会被北风吹来的蔷薇花覆盖。”

我的灵魂慢慢转来说道，
“我自己就是地狱，就是天堂！”

——《鲁拜集》

他在一首诗里说："喜欢酒和女人，不要害怕，神的慈悲"。他的酒和女人的"理想国"在巴列维时期曾短暂出现，可惜如白驹过隙。如今，女人的容颜依旧包裹在黑色的长袍里，而内沙布尔的美酒都被真主深藏。

◇哈雅姆陵墓，墓室独具风格，如许多菱形组成的网罩，仿佛他只是在此露营。我们的司机莫特扎也没来过。

呼罗珊省盛产诗人，附近还埋着另一位波斯学者——阿塔尔（Farid al-Din Muhammad Attar），塞尔柱时期著名的神秘主义诗人和哲学家。"阿塔尔"意为"郎中、药师"，他出生于内沙布尔富裕的药材商人家庭，从小受到良好的教育。早期卖过药，但最终没有继承家业，而是选择四处游历，拜访苏菲派导师，接受苏菲派思想，成为著名的苏菲派诗人，以诗歌来表达他的哲学精神。其思想对后世鲁米、哈菲兹、菲尔多西等人，甚至对新疆维吾尔古典文学都有深远的影响。

苏菲派（Al-Sufiyyah）是伊斯兰教神秘主义派别，因穿羊毛（Saf）粗衣而得名，起源于倭马亚统治时期，奉行守贫、苦行和禁欲，正合我们所说的"安贫乐道"，对《古兰经》赋予隐奥深义。我总觉得，苏菲派就是印度苦行僧和

◇伊玛目马赫鲁格圣陵，漂亮的蓝底碎花圆顶，墙壁精细得让人不敢触碰。

我们道教的结合。阿塔尔的名著《百鸟朝凤》（Bird Parliament）长达 9200 行，阐释苏菲派修行最高的“天人合一”境界。

阿塔尔陵同样花草茂密，树木苍翠。因屡毁屡建，园内现留两座陵墓。进门所见的蓝色圆顶，以八角形彩色瓷片装饰，庄严肃穆。右侧陵墓由五个如扇贝般的蓝色拱门组成，看上去有些“卡通”。诗人之死扑朔迷离，可靠的说法是，1221 年蒙古铁骑血洗内沙布尔时死于乱军中。

陵园外有尊长须秃顶的老人雕塑，肩上爬着一只抽象化的鹰，翅膀伸展如屏风，他大概就是神秘诗人吧？但又像哈菲兹。一个老人坐在旁边，这么热的天气，穿蓝色旧西服，居然还戴顶棉帽子。见我们走过，他便咿咿呀呀地唱将起来。虽然婉转悠扬，但我们如何能够听懂？我猜测，所唱大概为阿塔尔的作品吧？正所谓“生不逢时”，如在古代，老人家也许就是吟游诗人。

这歌可不能白听，栀子给他 2 万里亚尔。

# 那张 30 万里亚尔的罚款单

莫问是在内沙布尔或巴比伦，
莫问杯中的是苦汁或是芳醇；
生命的酒浆滴滴地浸漏不已，
生命的绿叶叶叶地飘坠不停。

——《鲁拜集》

栀子所说的内沙布尔老城，莫特扎根本找不到，打听半天，来到由古代骆驼驿站（Shah Abbasi Inn）改造成的博物馆。高而厚的暗红砖墙，砌成粗线条的菱形图案，看起来像座城堡。穿过拱形门进入院子，里面为伊朗式的四合布局，周围都是房间，正中有水池。

实际上，这是萨法维时期所建的客栈，当年算得上“五星级”吧？内沙布尔也是丝路重镇，商旅行人络绎不绝，可以在此抽抽烟喝喝茶，养足精神继续向西。

萨法维时期，旅馆东门因朝向马什哈德，所以也叫马什哈德门，驻扎军队；恺加时期曾收留过难民；伊斯兰革命胜利后改建为博物馆。周围房间里都是手工艺品作坊，再现古代生活场景，细密画、绿松石、化妆品、香料盒、制鞋补鞋等，一个角落里还放着两个泥缸。中国西北地区也有泥缸，用黏土和麦衣混合做成，可储存粮食。小时候，家里的泥缸在冬天还储存冻梨。我经常跑去偷吃，在此看到，倍感亲切。

不小心闯进自然历史博物馆，值班小妹不懂英语，又不好意思阻拦，便匆忙叫来经理说话。嘿，栀子巧舌如簧，居然说动这经理做导游，带我们逛内沙布尔。他叫赫萨里·哈迪（Hesari Hadi），从他展示的相片看，曾经年轻英俊，如今短发稀疏，一副中年相。他抱着一本很厚的双语画册，我们便按图索骥，寻找内沙布尔的古董。

星期五（Jameh）清真寺约建于 15 世纪，是内沙布尔最古老的建筑物。正门在维修，搭满铁架子。一如刚才的客栈，院子四方对称，周围有小房间。与别处不同，既没有圆顶，也没有宣礼塔。礼拜厅里铺着毯子，有几个穆斯林正在祈祷。据说，这里刻满经文的石基曾被折价贱卖。

内沙布尔著名的巴扎就在市中心，约建于萨法维时期，由三四百米长、五六米宽的集市纵横交错而成，附近有许多餐馆浴池等配套设施。和德黑兰大巴扎相同，砖石结构，拱形顶棚居然编出席子般的花纹，顶端有圆孔，光线从中穿过，直如大灯泡，相对应的地面有浅沟，以利水流。

还不是营业高峰期，巴扎略显清冷。除了本地的特产，这里也充斥着来自中国的便宜货，甚至店铺老板能字正腔圆地说“义乌”。

沙迪赫（Shadyakh）遗址位于内沙布尔东南郊，其实是一片地下废墟，上面搭了篷子予以保护。“Shadyakh”是合成词，意为“幸福的宫殿”，约建于 9 世纪，曾是内沙布尔的行政中心，毁于 13 世纪，诗人阿塔尔曾住在这里。伊朗考古学家于 2000 年开始发掘，出土了路基、院落、酒窖、浴室、尸骨、泥砖围墙、陶瓷管道，以及走廊和小巷等大约 28 公顷的遗迹。哈迪说，这座城市很有可能毁于地震。

虽然只有我们几个游客，但值班人员仍然紧紧盯着，不让拍照。

莫特扎的车子没有油了，便先去加油站。我特意注意到伊朗的油价，每升 14245 里亚尔，折合人民币不足 3 元。

正是午餐时间，哈迪是“地头蛇”，自然由他做主。伊朗餐厅的菜谱基本都是“烤爸爸”，除了烤羊腿，就是烤羊排、烤鱼肉、烤鸡肉，还有用碎羊肉混合香料烤制而成的肉串“苦逼呆”（Kubide）。盘子大得出奇，哈迪教我们正确的吃法，将黄油和西红柿捣碎，与米饭拌匀食用。餐费 45 万里亚尔，结完账，我看到哈迪在前台拿到为数不明的回扣，栀子说：“这才是正常的现实

◇上：内沙布尔大巴扎，也有些年头了，拱形顶有圆孔，用以采光，这里的地毯很有名。
◇下：大巴扎里，一个老人推着车儿走过，阳光从巴扎拱顶上的圆孔里打下来，正好照到他身上。

◇上：萨法维时斯的清真寺位于环岛中心，灯火通明，晶莹剔透，如淡绿色的宝石，穆斯林正在做晚课。
◇下：夜晚的礼萨圣陵灯火通明，非常漂亮，让人流连忘返。

社会嘛。”

哈迪留了他的“Facebook”，告诉莫特扎中途还有个古老的村子，让他带我们去。莫特扎将哈迪送到博物馆，然后寻路往马什哈德。

来时曾看到山坡上有片城堡样的土房子，莫特扎说他父亲以前住在这里，便将车子开过去。原来是废弃的小村，用黏土垛成的泥砖筑成，村头有简陋的清真寺。看来村民们刚搬走，电线杆犹在，门上还挂着锁。莫特扎说，以前这里有小溪，现在水流改道，人们只好搬走。往远处看，山脚还有几户人家、一片菜地。有个汉子牵着马走过干涸的戈壁，身影显得单调苍凉，这是怎样的土地啊？

然而，如此完美的旅程，最后却出了纰漏。按约定，栀子付给莫特扎 50 万里亚尔，但他要 150 万。其实我总觉得莫特扎的报价不靠谱，也许他自己不知道行情，所以一路都在打表，现在按计数收费。栀子当然不干，双方争执起来。

莫特扎张口结舌，苦于不能表达，手忙脚乱地翻字典，但还是找不到词儿。一着急，更为结巴，我不禁暗自发笑。

确实少了。我息事宁人，姑且唱个红脸，再拿 30 万里亚尔给他，佩兰也没忘记送他礼物。他虽然不甚满意，倒也不再查字典，表情失落，勉强和我道别。

时间尚早，栀子念念不忘比萨店里英俊的伙计，便又去吃比萨。记起附近还有座清真寺，问路人，有位胖哥主动带我们过去。这胖哥也不说话，手里拿串念珠，边走边捻边念，我们便默然地跟着。这座萨法维时期的清真寺位于环岛中心，灯火通明，晶莹剔透，如淡绿色的宝石，许多穆斯林正在做晚课。

流连片刻，拦辆出租车到酒店。正在放行李时，莫特扎来了，给栀子一张纸条，但她未及细看。莫特扎似乎有些伤感，与我拥抱，吻我的脸颊，说到机场只需 7 万里亚尔。

伊朗的机场安检比较宽松，远不如德黑兰的珍宝博物馆严格。

过了安检，栀子拿出莫特扎写的纸条，上面列出费用明细，其中警察罚款 30 万里亚尔。啊，30 万？如果真是这样，我们该为莫特扎的伤感内疚。幸好我拿了那张连数字都是波斯文的罚款单，请教机场工作人员，确实为 30 万。

◇阿塔尔陵前唱歌的波斯老人，栀子给了他2万里亚尔。

栀子懊悔不已，我建议赶紧打电话给他，将30万交给机场工作人员。然而，栀子没找到莫特扎的电话，抱怨我没给她。但我清楚记得，早餐时给了她。

栀子气鼓鼓地说："罚款因我而起，我来想办法解决。"

多好的人哪，事到如今，钱多钱少已不重要，而是永远无法澄清的误会。可有什么办法呢？只觉得像丢了魂儿，满世界都是遗憾！

# *Shiraz* 设拉子

一只杏黄的鸟儿，从长方形盒子里叼出绿色纸片，送给旁边的围观的客人。客人郑重打开，又交给鸟儿的主人。我看得好奇，这鸟儿却叼起一张纸片，飞上我的肩头。

# 五月的蔷薇

你这花瓶有什么用场?
不如来撷我那园中的蔷薇。
这些蔷薇只有五六天开放,
我的花园冬季也不会枯萎。

——萨迪

伊朗酒店里的自助餐永远只有那几样，馕饼、煎蛋、奶酪和各种甜酱，鲜蔬只有黄瓜和番茄。我最中意的，就是散发着花香味儿的玫瑰茶，清清浅浅，娉娉袅袅。我对茶的欣赏只是牛饮过后的回味，实在不关文化和艺术的事。君不见，那个满腮花白胡茬子的侍者在给我换上第二壶茶的时候奇怪的眼神，仿佛在说："这家伙好几天没喝水了吧？"

店里住着几拨中国人，此时陆续前来就餐。有个四人组，今日去郊外，委托酒店预订车辆，费用也还公道。便和栀子佩兰商量，复制他们的行程——那是散落在法尔斯北部的四个景点，至于浪漫的玫瑰城，我还是留着自己把玩。

法尔斯(Fars)省位于伊朗中部，是古波斯帝国的摇篮。省会设拉子(Shiraz)为建在扎格罗斯（Zagros）山脉南部盆地的古都，为伊朗最重要的旅游城市、农产品集散地，盛产蔷薇、玫瑰、葡萄和诗人，所以有"蔷薇城"或"玫瑰城"及"诗人之都"的雅称。在植物界，蔷薇与玫瑰是亲戚，很容易混淆，也许古人就根本没打算区分。管他呢，就随诗人们任意吟咏好了。

◇粉红清真寺冬季祈祷大厅，阳光透过贴着彩色玻璃的细格子窗，室内色彩斑斓，似乎许多跳动的精灵。

我总觉得伊朗的葡萄虽然香甜，但没有卖相，吊不起人的胃口。天然的东西总有瑕疵，就像南中国所见的桃子，媚态十足，但掉在地上能弹起来，哪有“水蜜”的概念？味同嚼蜡也就不足为奇了。“设拉子”还是法国酿酒葡萄的经典品种，冲这名字，我肯定其原产地就是这里。如此说来，这个现在禁酒的国家，曾以佳酿名世？我相信，如果没有伊斯兰，设拉子就是伊朗的“酒都”。要知道，中国的葡萄和葡萄酒制造术都来自波斯。

相传，一位波斯王妃年老失宠，欲寻短见，把发酵的葡萄汁误当毒药喝了。结果没死成，反而愈加明艳动人，意外的结局使妃子再度受宠，悲剧变成了喜剧。今人所谓红酒美容养颜，还真是一个传说。

朋友们哟，你们是知道的，
我家中开了个盛大的欢筵；
我休了无育的“理智”老妻，
娶了“葡萄的女儿”来续弦。

——《鲁拜集》

这首诗的作者是伊朗中古时期的哈雅姆，看这意思，此公可谓“酒妻诗子”，堪比宋人林和静。

设拉子城分新旧两区。新城为工业区，有伊朗空军基地；旧城有圣陵、城堡、教堂、清真寺等古迹。“设拉子”最早出现在萨珊王朝文献里；阿拉伯人征服波斯后，伊斯兰教传入，随着北部伊斯塔克尔（Istaklır）城的没落，设拉了迅速成为伊斯兰教的中心；10世纪时成为迪亚立麦（Diylamids）王朝的首都；13世纪初，蒙古人建起新的清真寺和城堡；1724年设拉子遭到阿富汗人洗劫；1749年卡里姆汗建立赞德王朝，定都设拉子，城市空前繁荣。1779年恺加王朝定都德黑兰后，设拉子又归于平静。

有人推荐城东南的“粉红”清真寺，说早晨的光线摄人心魄。一位老爷子开着老爷车将我们送到清真寺，门票15万里亚尔。院落四合，清幽静谧，繁复的色彩在阳光下绽放。外墙彩釉以粉红、淡黄和淡蓝为主，尤其粉红色，

◇街头涂成彩色的墙，两个伊斯兰妇女从墙下走过，上面是伊斯兰革命时期牺牲的烈士像。

یاد شهیدان نباید در جامعه از ذهنیت ها خارج شود.

简直就像撒娇的美人。蜂窝状的“米哈拉布”（Mihrab）顶上有两个六角亭，倒映在水池里，和地面无缝对接，看得人有些恍惚。

两三个中国女子正在拍照，摆出各种姿势。平淡无奇的印象，经水过滤，摇曳着，如风摆柳，很美。

粉红清真寺官方名称叫纳赛尔·莫克（Nasir al-Mulk）清真寺，建于1876年，是恺加王朝纳赛尔时期的作品。设计者匠心独具，在砖层里垫上木块，以防地震。百余年过去了，建筑依旧，色彩犹新。墙面装饰密集而繁复，让人凌乱。譬如这花卉图案，将植物抽象如梦境，甚至根本分辨不出其间的关系。据说这火焰状的花瓶，是波斯工匠的创意，为了传承波斯文化而将拜火教的“火”元素融入清真寺里，可谓用心良苦。

米哈拉布的蜂窝状结构是怎么做出来的，难道真是蜜蜂的作品，那得多少蜜蜂共同创作啊？拱门周围刻着《古兰经》文，波斯书法之于清真寺，中国书法之于山神庙，是巧合还是相互抄袭？有人赞叹：“粉红清真寺有中国晚清气息，或者说有郎世宁的影子。”我怀疑，这“粉红”的名头，就是中国人叫出来的。

左边是夏季祈祷大厅，漂亮的砖石拱顶，雕刻为素色图案，像展览馆，有些空旷，靠墙摆着装裱起来的绘画。一个黑衣女子，步履轻盈，落地无声。这厅里除了我，她是仅有的看客，脑后纱巾高耸，我猜测，她的头发一定精心打理过。

冬季祈祷大厅尤其迷人。同样结构的蜂窝状圆顶和斜纹石柱，碎瓷拼成的图案，美轮美奂。五月的阳光穿过彩色的细格子窗，散落在漂亮的地毯上，大厅里五颜六色，星星点点，丝丝缕缕，好像来自天国的精灵，正欲跳一曲彩色的乐章。奥秘在门窗上，不知谁人想出来的主意，细格子里用彩色玻璃组成各种图案，或者借鉴了天主教堂的巴洛克（Baroque）风格？

厅里有块地板下沉，据说为什叶派穆斯林所特有，以示在安拉面前谦卑恭顺。几个人轮流坐在坑里，变换角度拍照。其实，不论如何拍摄，都没法儿满意，世间的美丽并非最好的相机所能表达。墙角有位慵懒的蓝衣女子说，这是季节的原因，现在光线短促，不能铺满大厅。

后院有口井，因为打水耗费力气，波斯人弄来两头牛帮忙，旁边辟有看牛人休息的房间。多麻烦，再深的井，中国人都用辘轳打水。我们西北乡下到现在还用辘轳，摇起来咯吱咯吱，也不吃力。母亲年逾七十，每天还能摇上几桶。想来，这井供水不止三桶两桶，也许管着成百上千人的喝水问题呢。

逗留片刻，我便想去其他景点。栀子和佩兰入了迷，要在这里“发会儿呆”。蓝衣女子叫麦冬，第二次光顾清真寺，她想和我一起去别处。

拐过弯看到一座圣陵，两边有高耸的宣礼塔，中央圆顶如仙桃，一改平时所见的洋葱形状。女人要穿长袍才能进去，门口免费提供，麦冬换过长袍径直步入左边的女人通道，我自从右边的男士通道入内。

谁人的陵墓？里面铺着地毯，墙壁和拱顶以绿色的玻璃装饰，晶莹剔透，如翡翠宫殿。站在里面，绿意沁人，心静神安。伊朗的圣陵结构都差不多，石棺放在金银焊成的绿色笼子里，信徒们扶栏默哀或祈祷，有些会丢入钱币和纪念品以示尊崇。我总觉得，多数时候圣陵就像英语角，是自习的场所，许多人坐在地毯上读书，很安静，看到来人，只微笑或点头。

神职人员说，这是第八伊玛目礼萨的兄弟阿拉丁（Seyyed Alaeddin Hossein）的圣陵。当年他去图斯城探望哥哥，途中病殁，葬在这里，规模逊于马什哈德礼萨陵园。

圣陵正在维修期间，后殿堆满工具。我步出门外，麦冬也已出来。请教旁边的警察先生，附近还有什么好去处。指点半天还是不知所谓，再问工作人员，却推荐粉红清真寺。

好吧，以真主的名义，去城北的萨迪墓。

◇粉红清真寺，比较简朴的夏季祈祷大厅。

# 波斯中古世纪的诗酒风流

从花园到传说，玫瑰有爱，

当游人在五月来到设拉子后，

他们都流连忘返而乐不思归。

——萨迪

萨迪（Sa'di）曾在他的诗集《蔷薇园》里，用如此写意的句子描述自己的家乡，所以设拉子有个柔媚旖旎的别名——蔷薇城或者玫瑰城。说起来，设拉子还是波斯诗歌和哲学的圣殿，许多波斯诗人都曾题诗吟诵。

玫瑰是伊朗的国花，每年四五月，满城花香，尤其伊朗独有的粉色“穆罕默迪”玫瑰，更是集万千宠爱于一身。以玫瑰著称的设拉子，则成了世界有名的求婚地。伊朗马汉航空在11月11日，专为中国人推出“光棍节”特价套餐，怂恿他们到设拉子“派对”。不过，著名的“玫瑰节”却在设拉子以北的小城卡尚（Kashan）举行，似乎抢了玫瑰城的风头。反正，不管蔷薇，还是玫瑰，设拉子都让人沉醉，连空气里都流淌着罗曼蒂克的味道。

传说花国最初的女王是睡莲，因贪睡而被罢免，由白玫瑰接任。热情奔放的夜莺爱上了花中的“白富美”，可这花魁不为所动。夜莺唱尽了天下的歌儿，用最后的力气去拥抱白玫瑰，却被她满身的刺伤害，鲜血染红了花瓣。从此，花国又长出了红玫瑰。

萨迪墓园在城北，门票15万里亚尔。陵园背靠灰黄的山峦，远离喧嚣，安静幽雅。一条甬道直达蓝色圆顶的陵墓，中间花池与水池相连，紫色和黄色的花儿开得正闹，两边是修剪成纺锤形的侧柏，翠绿欲滴。

13 世纪初，萨迪出生于宗教家庭，是穷二代，早年丧父，饱尝艰辛。青年时在巴格达学习伊斯兰神学，开始用波斯文和阿拉伯文创作抒情诗，后不堪束缚，辍学离开巴格达。当时正值蒙古入侵，地方军阀混战，所以他的前半生颠沛流离，在流浪中度过。萨迪云游四方 30 年，走遍中西亚，甚至中国新疆，返乡时已两鬓霜白。还好设拉子因被当地统治者以重金购买，未遭蒙古人荼毒，社会比较安定。此后，他隐居故里潜心写作，于 1292 年卒于设拉子。作为吟游诗人，他更能引起我的共鸣 —— 都是穷游世界的背包客嘛。

“设拉子的萨迪墓散发出来的爱的芬芳，即使在他谢世千秋之后亦能回环永存。”这是刻在陵园门上的诗句，许多波斯人在这里一咏三叹。墓碑安放在八角柱状的大理石纪念堂中央，墙壁有凹陷的半圆装饰，里面是蓝底黑字波斯文，周围布满漂亮的花鸟图案。和纪念堂联体的侧廊由许多拱门组成，像口琴的簧片。值得一提的是，陵园里还埋着 66 位苏丹和他们的随从。

萨迪于 1257 年写成他的第一部诗集《果园》，次年完成名作《蔷薇园》。两部作品内容相若，为游历生活的总结和思考，充满人道主义精神。他的抒情诗成就最高，是波斯古典诗歌的里程碑。他与菲尔多西、莫拉维和哈菲兹被称为波斯“诗坛四柱”，是波斯传统思想和语言文学的奠基者。

赞美你的并非都是知己，
谩骂你的有时可谈友谊。
对手批评往往一语中的，
朋友吹捧总不那么得体。
白糖虽甜难以用来治病，
良药苦口常能起死回生。
朋友考虑谨慎讲究私情，
你的缺点要靠对手纠正。

——《果园 · 你的缺点》

由于在语言文学方面的贡献，诗人去世后，陵园成为波斯诗歌圣地。萨迪也是思想家，政治观点与中国儒家相若，提倡仁爱，反对暴政，主张“己所不欲，勿施于人”。联合国总部大楼墙壁上刻着“亚当子孙皆兄弟，兄弟犹如亲手足”，就是萨迪的“口头禅”，套用我们的话说，即“四海之内皆兄弟也”。

“蔷薇谢了，还有再开的时候；夜莺离去，还有归来的时候。可是，我尊敬的诗人，这寂寥的园子里，如今只有您永恒的诗篇。”他生活的年代正值中国宋末元初，中国诗人也从“十里荷花，三秋桂子”过渡到“兴，百姓苦，亡，百姓苦”。

哈菲兹墓离萨迪墓七公里，打车不消十分钟。

门口有人牵着杏黄的鸟儿，从长方形盒子里叼出绿色纸片，送给旁边的客人。客人郑重打开，交给鸟儿的主人。主人咿咿呀呀解释半天，客人才心满意足地收起来，然后掏出皮夹子付钱。也有蹙着眉头的家伙，大概纸片上的话不太中听吧。我看得好奇，鸟儿却叼起一张纸片，飞上我的肩头，我收起纸片赶紧离开。我想，这不过是一桩生意，倘有不中听的，岂不自寻烦恼？

纸片上写着哈菲兹的诗歌，这些会营生的波斯人别出心裁，以此给游客占卜。“诗无达诂”，不同的人有不同的解读，倒也算是新奇的玩意儿。鸟儿是鹦鹉，虽没做成我的生意，按说应该有君子风度，它不会用波斯语骂我吧？

“哈菲兹”为阿拉伯语，意为“通背《古兰经》的人”，为14世纪波斯诗人沙姆斯·乌德－丁·穆罕默德的笔名，他出生于伊斯法罕的商人家庭，算是“富二代”，后移居设拉子。与萨迪一样，他也幼年丧父，是逆境中长大的天才诗人。1387年，跛子帖木儿（Timur）占领设拉子，两年后，哈菲兹在贫困忧愤中结束了他的诗酒人生。

圣训说，通背《古兰经》的“哈菲兹”在审判日会得到奖励，能代表10位家庭成员求情：“任何熟读及牢记古兰经的人都依循它所言而行事，至上的安拉会允许他们进入天堂，并接受他为家庭的10名成员说情，那些人本该受到地狱之火的煎熬。”可熟记圣训和《古兰经》的诗人生前备受煎熬，敢问安拉可知？

门票还是15万里亚尔。与萨迪墓一样，陵园里花草茂盛，树木苍翠，正面是列柱长廊，游人都坐在台阶上休息。陵墓比较简单，八根石柱支撑的墨

◇萨迪陵墓，背靠灰黄的山峦，远离喧嚣，安静幽雅。

绿顶小亭子，两边是清真寺样的对称建筑，旁边有书画展览，后面为纪念品店，再后面是秃顶的山峦。

伪君子以为大声引用《古兰经》，
就可以掩饰他的谎言。

——哈菲兹

哈菲兹是波斯中世纪的“抒情诗大师”，他的诗和宗教思想深受苏菲主义影响，但其《诗颂集》（Divan）主题是爱情和美酒，反对宗教条文，追求精神自由。他的抒情诗集发行量奇高，真让人眼红，据说仅次于《古兰经》，所以得了个“设拉子夜莺”的美称。

大理石纪念碑放在长方形的基座上，一个黑衣女子神色黯然，亲吻墓碑，低头默哀。旁边的男子正在大声朗诵，抑扬顿挫，激情四射，旁若无人。这

◇“兀那女子，说好的不许穿紧身裤呢？”哈菲兹陵园，大理石棺放在墨绿色的八角形亭子里。

是怎样的民族啊，我怀疑他们都是诗人。伊朗是诗的国度，如果说十二伊玛目是伊朗人宗教信仰的精神力量，诗人和学者则是他们世俗生活的“烤爸爸”。

用现代话说，他就还是个“愤青”，他用诗歌讽刺异族的暴虐统治和丑恶德行，纵情诗酒，吟诵爱情。有意思的是，诗歌中多次提到中国绘画、麝香、丝绸、服饰、美女和中国人的智慧。他的神秘主义抒情诗极富哲理，波斯人遇到就业、婚嫁、出行等重大事情，会随意翻开哈菲兹诗集的一页来决定。正如陵园门口架着鸟儿的波斯人，以此来营生。

萨姬哟，快用美酒的光辉照亮我们的酒杯，
歌手啊，快唱吧，世事已如我们心意，
我们在酒杯里看见了情人芳容的倒影，
懵懂者啊，怎知我们嗜酒成癖的欢愉。

——哈菲兹

◇设拉子是诗人之都，哈菲兹是设拉子夜莺，一群人正在围观朗诵哈菲兹抒情诗的老者。

宋人有“舞低杨柳楼心月，歌尽桃花扇底风”，与这首诗倒也般配。表面上的诗酒风流，难以掩饰他借酒消愁逃避现实的窘境，很像早他两个半世纪的哈雅姆。

《哈菲兹抒情诗集》激情饱满，语言隽永，节律优美，是波斯古典诗歌的高峰。当然，伊朗中古世纪的诗歌，引领世界潮流。诗人歌德说：“谁要真正理解诗歌，应当去诗国徜徉；谁要真正理解诗人，应该前往诗人之都。”他赞颂哈菲兹：“你是一艘张满风帆劈波斩浪的大船，而我则不过是在海涛中上下颠簸的小舟。”

至此，波斯“诗坛四柱”已谒其三。生活在 13 世纪的莫拉维（Jalaloddin Mohammad Moulavi）卒于土耳其，此行无缘拜会。他因长年居于当时的东罗马（Rum）科尼亚（Konya），后世多称鲁米（Rumi），即“来自东罗马帝国”。莫拉维的《玛斯纳维》（Mathnawi）是苏菲神秘主义叙事诗集，抒情诗名为《沙姆斯·大不里士集》，以纪念将他引入神秘主义之门的大不里士修道士沙姆士（Shamsi）。此公还开创了“旋转的冥想”，即苏菲舞，差不多就是当年的

◇哈菲兹陵园里的波斯美少女，热情大方，也很配合我拍照。

“江南 Style”。

波斯中古时期的诗人多沉浸在酒香、诗韵和情人的怀抱里，正所谓诗酒风流。难怪有人说：“我听到伊朗的名字，立刻想到，那里的人民走在昂贵华丽的地毯上，吟诵着诗句。”

陵园小店里最受欢迎的纪念品是各种版本的《哈菲兹抒情诗集》，麦冬自去参观。我看到有群人在围观，便上前凑热闹。一位学者模样的人正在演讲，我怎能听得懂？只好坐在台阶上休息。对面三个波斯女郎正在打量我，窃窃私语，估计说我长得帅吧。她们见我回头，微笑着打招呼。她们是本地人，问我设拉子如何。我说刚来，正准备逛呢。

麦冬出来，加入 拍照的行列，很快打成一片。虽然戴着黑色的头巾，也掩饰不住她们精心化妆过的容颜。相对其他伊斯兰国家，伊朗女性更为开放，很乐意与外国人交流。

# 赞德王朝的新首都

自西北流向东南的霍什（Khosh）河将“夜莺之城”分为两半。萨迪和哈菲兹的陵墓在河东北，而商业中心则位于河西南，著名的卡里姆汗（Arg-e Karim Khan）古堡和巴扎是老城最繁华的所在。

设拉子是园林都市，城西北有伊朗姆（Iram）花园，这天国花园本来是大神贾姆希德（Jamshid）的居所，现在成为波斯园林建筑的典范。我想，这些花园里也多夜莺娇啼吧，不然这“夜莺之城”的名号从何而来？

从哈菲兹墓出来，徒步而行，沿途有许多烟草商店。伊朗禁酒不禁烟，本地烟卷细而长，就像平时所见的女士香烟，不过，有教养的绅士甚少在公共场所喷云吐雾。在专卖店前逗留几分钟，出于好奇，买了一条名为“Sater”的伊朗香烟，金装11.5万里亚尔，折合人民币20来块。

霍什河几乎断流，从桥上跨过，西行就到老城中央的卡里姆汗城堡。伊朗甚少有古城堡，不像印度，拉贾斯坦邦（Rajastan）简直就是城堡博物馆。这座城堡是赞德（Zand）王朝的创立者卡里姆汗建造的皇城，正方形的城堡用黏土和砖石筑成，高墙顶端有垛口和射击孔，四角是圆柱形的碉楼，墙体饰以凹凸不平的几何图案，似艺术浮雕。西南角因地下水道出现问题，基础沉降，导致碉楼向外严重倾斜，摇摇欲坠，如比萨斜塔。

卡里姆汗是赞德部落的酋长，原为阿夫沙尔王朝纳迪尔旗下将军。1760年，他除掉前朝末代国王伊斯梅尔·沙三世（Isma'il Shah III）和其他异己，以设拉子为中心建立了赞德王朝。此君拒不接纳“皇帝”称号，自谓“人民的代表”。

卡里姆汗统治期间大力恢复国内秩序与经济，修正纳迪尔时期的宗教政

◇阿拉丁圣陵，内部以绿色玻璃装饰，晶莹剔透，如翡翠宫殿，许多波斯人在这里看书学习。

策，对外征讨阿塞拜疆的阿扎德（Azad Shah Afghan）和美索不达米亚地区的奥斯曼人。击败恺加部落后，将酋长的儿子阿迦（Agha Muhammad）带到设拉子当人质。

1779 年，卡里姆汗去世，王室后裔为争夺权力陷于内乱。做了 15 年人质的阿迦乘乱逃到北方，聚拢族人迅速扩张。1789 年，卡里姆汗的外孙卢图夫（Lotf Ali Khan）自立为王，持续与恺加部落作战，兵败被俘，站在了巴姆（Bam）的断头台上，赞德王朝终结。

阿迦是被阉割的王子，就像越王勾践，卧薪尝胆，隐忍多年，终于扬眉吐气。多年的屈辱生活将他变成暴戾的屠夫，他在攻破克尔曼城后，下令烧杀抢掠，将妇女发给军人为奴，还曾挖去 2 万居民的眼珠。1797 年 6 月，他被两个仆人杀死，得到报应。

城堡大门上方有瓷砖拼成的画，一名络腮胡子的武士正在刺杀小鬼。伊朗街头经常见到这种画面，不知是何来历？正欲入内，却见栀子和佩兰从里面出来，便相约晚上在酒店碰头。

城堡里面是皇家园林，中间有片柠檬树。伊朗餐桌上经常有切成片的柠檬，

◇卡里姆汗城堡，西南角的碉楼因地下水道出了问题而下陷，导致倾斜如比萨斜塔。

挤出汁液，滴到肉末里，酸得难以忍受。卡里姆汗的私人浴室尤其醒目，两百多年前的建筑，仍然精致如新。波斯人爱干净，注重生活品质，漂亮的古代浴池就是见证。伊斯兰革命后，公众场合禁止喝酒、唱歌、表演等娱乐活动。现在的伊朗人除了在草地上野餐，就只能抽水烟和吃冰激凌啦。

伊朗人的家庭观念很强。我就碰上这么个七口之家，一个斯大林似的波斯老爹带俩儿子，哥俩又带老婆小孩，如今的中国人已很少这样举家出行了。

◇卡里姆汗城堡，赞德王朝的皇宫，一个红衣女子从门口走过。

一家人看我背着相机晃悠，便过来凑热闹，给我糖吃，夸我专业。聊过一会儿，我给他们拍全家福，临别又遭老爹“强吻”，看得旁边的麦冬差点晕倒。

卡里姆汗有建筑癖，他在设拉子修起了巴扎、园林和清真寺，甚至德黑兰的两座皇宫，也出自他手，只不过最后成了别人的嫁衣裳。

他所建的瓦基尔（Sout Vakil）大巴扎离城堡不远。瓦基尔意为“人民”，卡里姆汗当年不愿称王，力求顺应民意，是以叫“人民巴扎”。

人民巴扎使赞德王朝的新首都日益繁荣，直到现在仍然是设拉子的商业中心。其实，巴扎是伊斯兰传统文化的组成部分，除商业往来，平时是日常交流和政治宣传的场所，也是八卦和谣言的滋生地。周围有清真寺、浴室、旅馆、驿站等配套设施，不论居家还是旅行都极为方便，堪称伊朗民族宗教传统的窗口。所以来到伊朗，逛巴扎是必须的项目。

巴扎面积很大，入口像清真寺，顶部有波斯传统的蜂窝状彩釉装饰。建筑模式和德黑兰、马什哈德差不多，拱顶高，通道宽，这种结构使巴扎内冬暖夏凉。商品主要针对当地人，如食品、调料、地毯、服饰、餐具等，有土特产和纪念品商店，如银器、锦缎和地毯等，也有不少来自中国的便宜货。一位商店老板，怀里抱本汉语学习资料，见到我们，已经能够生硬地说上几句。

看到类似新疆玛仁糖的糕点，价格不贵。店主见麦冬认真观察，切了一块让她尝。还有许多熟悉的香料，譬如伊朗的茴香，传入新疆后叫孜然。

水果较中国便宜，樱桃每公斤 12 万里亚尔，杏子每公斤 8 万里亚尔。中土的杏子由波斯传入，古籍所载“巴旦”系波斯语“杏”的音译。我家樱桃树少，未及熟透就已摘光，而杏在成熟季则尽可饱食。奶奶告诫：桃饱杏伤，李子树下吃死人。这让我对杏有些畏惧，不敢贪多，所以丰收年我家的杏子经常熟烂，只好砸出杏仁来卖。甜杏仁能腌成咸菜，脆而爽，多年不曾吃了，而苦杏仁则可入药，用以祛痰镇咳。

麦冬买樱桃，我买杏子。逛到最后，她想和我们结伴，我便陪她去旅馆拿行李。这家旅馆以传统波斯住宅改成，保守的店家规定，住客的异性朋友，不得进入房间，只能在大厅等候。

向巡逻的军人问路。这哥俩一高一矮，如“哼哈”二将，相映成趣。可不敢取笑，他们全副武装，肩挎微型冲锋枪，不知道什么来路？态度好极了，说跟着他们走就行。然而，越走越远，大抵他们也不熟吧。干脆，矮个军人将枪交给同伴，带着我俩，一路打听，直到看见酒店招牌，才挥手离去。这小哥，真是伊朗的活雷锋！好事做了一路。

未几，栀子佩兰回来，商量如何解决晚餐。有人极力推荐设拉子最好的餐馆“哈夫特汗”（Haft Khan），打车过去，时间尚早，原来伊朗人在晚上九点才开餐。整个大厦七层，每层都是不同风格的餐厅，值班经理让我们先参观，

◇卡里姆汗城堡，门前碰到举家出行的波斯一家人，临别时，还被老头儿“强吻”。

然后选择合适的口味。按中国标准，设拉子最好的餐馆也极为普通。我去过广州所谓的“空中 1 号”，夜晚天幕徐徐拉开，可见纤云弄巧，飞星传恨，要说豪奢，自不可同日而语。

地下为传统波斯餐厅，米黄色格调，天花板装成清真寺蜂窝状，餐位像榻榻米，有靠枕，中间放张粗布餐巾，用餐时需上床盘腿而坐。走了一天路，没有洗梳，那味道实在有些尴尬。鉴于盘子巨大，四人只要了两份“烤爸爸”、几份蔬菜和饮料。实际上，卖的就是环境，内容和普通店没什么区别。食客比较零散，多是以家庭为单位的本地人。

居然有演出，虽然只是简单的二人组，一架钢琴，一名歌手，旁边点起银色的烛盘，看上去很有情调。歌手身高超过 1.9 米，大概演唱的是波斯流行曲，咿咿呀呀，听不明白，最后上来几位小姑娘载歌载舞。

伊朗禁止公众场合演出和歌唱，这家餐馆确实了得，不晓得是背景深厚，还是作为国际化的窗口，有意保留？

◇上：看店的波斯老人邀请我们参观他的艺术地毯。
◇下：设拉子"人民大巴扎"，里面货品琳琅满目。

# 一头“骡子”的传奇故事

波斯帝国有2500多年历史，古波斯语在公元前6世纪，就是公认的标准语，当时采用苏美尔人（Shumer）发明的楔形文字（Cuneiform）。公元前2世纪，波斯人创造了自己的巴列维（Pahlavi）字母表，这才是真正的古波斯文，拜火教圣典即以巴列维语写成。

阿拉伯人征服波斯以后，波斯人开始采用阿拉伯文手写体，是为现代波斯语，有60%的词汇来自阿拉伯语，当地人叫法尔西语（Farsi）。法尔西语也是西亚的通用语，为阿富汗、塔吉克斯坦等国的官方语言，甚至中国维吾尔语亦有40%的词汇源于法尔西语。因为中伊古代交往甚多，波斯语也吸引了许多汉语词汇：如茶（Chai）、瓷器（Chini）、印刷（Chop）等。虽然和阿拉伯文的写法、发音相同，只是比阿拉伯文多4个字母，但波斯文与阿拉伯文是两回事。有人调侃，阿拉伯人能用阿拉伯语朗读波斯文，但他们完全不知道自己在说什么。

法尔斯（Fars）是古波斯人最初定居的地方，也是阿契美尼德和萨珊王朝的中心。可以说，波斯帝国最辉煌的时期属于法尔斯。

闲话少说，眼见为实。今天的行程基本按历史顺序，由远而近，帕萨尔高德（Pasargadae）、纳克歇·鲁斯塔姆（Naqsh-e Rustam）、纳克歇·纳贾巴（Naqsh-e Rajab）和波斯波利斯。帕萨尔高德在设拉子东北120公里处，离亚兹德不远，栀子建议包车从设拉子到亚兹德，中途停留这几个景点，省时省钱省力。酒店老板给出的包车价，吓跑了她的想法，只好按常规的线路游览。

虽然伊朗人多乐于助人，但和生意人打交道，永远不能掉以轻心。精明的伊朗商人，也会额外“关照”老外。包车时我们没有计较价格，只要求全程开空调，其余则随遇而安，嘴巴能咧到耳根上的老板满口答应。

司机是个沉默寡言的中年人，大概经常接送外国游客，他的热情似乎已消磨殆尽。我坐前排，直到汗流浃背，要求他打开空调。这家伙不乐意，我不由得大声嚷起来，他才勉强同意。或许，这司机也被酒店盘剥，是以尽量开源节流？

赶紧忘掉这段小插曲，居鲁士可是个宽厚的人。

“帕萨尔高德”意为“波斯花园”，是波斯帝国的摇篮。居鲁士从公元前546年就开始了城市的建设，可惜直到他战死前也没能完成。不过帕萨尔高德仍然是阿契美尼德帝国的首都，直到大流士迁都波斯波利斯。

但是，居鲁士的陵墓让人觉得凄凉，我不免替他叫屈。石灰石垒成的陵墓矗立在700多平方米的广场上，六层四方基座，自下而上逐层缩小，顶端置石棺。墓碑基座长约7米，通高11米，石棺西北面有个小门，据说里面曾有黄金打造的棺材床铺，以及珍贵的铭文和兵器。周围有玻璃墙相隔，游人难以近前，看不清楚具体。

他的墓志也同样简单：“我是阿契美尼德的居鲁士国王。”

作为波斯帝国的缔造者，陵寝居然如此小气？与各地华美的伊斯兰圣陵相比，自是天上地下。抬头四顾，只见群山环绕，原野纵横，植被稀疏，使这方陵墓更显渺小。“念天地之悠悠，独怆然而泣下”，这次第，又怎能不让人吊古伤今？

鸟道同王道，春心共壮心。
千秋争霸史，一曲断头吟。
帝子依然在，波斯哪里寻？
众人皆吊古，唯我更伤今。

——癸巳孟夏廿日谒居鲁士陵

阿契美尼德王朝的始祖是公元前8世纪的阿契美尼斯（Achaemenes），

其子泰斯帕斯（Teispes）继位后占领了埃兰的安善（Anshan），后又占领“帕尔斯”（Pars），成为两个部落的首领。帕尔斯即法尔斯及周围地区，因阿拉伯字母无“帕”，所以译成“法尔斯”，也就是波斯。当时北方同属雅利安民族的米底人联合巴比伦摧毁了亚述帝国，成为西亚最强大的国家，波斯部落实际臣属于米底王国。

希腊“历史之父”希罗多德（Herodotus）说，米底国王阿斯提阿格斯（Astyages）梦见女儿芒达妮（Mandane）的后代将取代自己，成为亚细亚的霸主。于是，他将女儿嫁给地位较低且性格温顺的波斯王子冈比西斯（Cambyses），以断绝其后人问鼎米底王权的资格。但在女儿怀孕时，阿斯提阿格斯又梦见女儿肚子里长出的葡萄藤，遮住了整个亚细亚。

为防不测，国王决定等外孙出生便立即处死。此子就是居鲁士，在娘肚子里就被判了死刑。待他呱呱落地，国王将他交由大臣哈尔帕哥斯（Harpagus）处理。这大臣不敢亲自动手，又将孩子转交牧人，命他弃于荒野。也是命不该绝，碰巧牧人妻子斯帕科（Spaca）产下一个死婴，于是夫妻俩留下居鲁士，用死婴顶替交差。“斯帕科”米底语意为“母狼”，所以民间传说居鲁士童年曾得到母狼哺育，长大后“狼性”十足。

居鲁士 10 岁时，与小伙伴们玩扮国王游戏，他被推举为王，鞭笞了某个抗命的“官二代”。结果事情闹大了，引起国王的注意，居鲁士的身份暴露。但宫廷祭司说，这小屁孩已经在游戏中做了国王，不会再次成王啦。阿斯提阿格斯疑虑消除，将居鲁士送回法尔斯，殊不知这一送却是放虎归山。祭司一句话救了居鲁士，后来阿契美尼德独尊拜火教，真是善有善报。

故事情节是不是很熟？没错，这就是伊朗版的“赵氏孤儿”，两件事相隔万里，时间却差不多。“赵氏孤儿”灭屠岸家族，其后人“三家分晋”，建立赵国。今天的赵氏后人，实在应该感谢当年的赤脚医生程婴。印度中世纪西索迪亚（Sisodia）王朝的乌代·辛格二世（Udai Singh Ⅱ）家也曾发生过类似故事，如今还设了奖项，用以表彰那些“舍生取义”的模范人物。

公元前 559 年，居鲁士成为波斯部落首领。当年奉命行事的哈尔帕哥斯与居鲁士联络，要他起兵攻打米底，自己愿为内应。原来，国王发现哈尔帕哥斯没杀居鲁士，盛怒之下，将他 13 岁的独子烹成菜肴，让他当面吃下。希

◇居鲁士大帝陵，作为波斯帝国的缔造者，他的陵墓有些小家子气，以致经常被远道而来的旅人忽略。

罗多德描述，哈尔帕哥斯“没有被吓住，也没有失去自制力”，刻骨的仇恨让他冷静思考如何报杀子之仇。

故事总是惊人的相似，哈尔帕哥斯不就是伊朗的“周文王”嘛。当年周文王被囚，长子伯邑考为人质，却被妲己陷害，惨遭殷纣烹杀，做成肉羹赐给文王。文王佯装不知，和泪而食。后来，武王登基，灭殷纣。

公元前553年，居鲁士号召波斯部族反抗米底。为了说服大家追随自己，他打一棒子给一把甜枣，让大家第一天辛苦劳作，第二天尽情宴乐。居鲁士问，喜欢第一天的苦差还是第二天的享乐？不用说，我都会选择后者。居鲁士说：“各位波斯人啊，如果你们听我的话，有享不尽的荣华富贵；否则，就要遭受如此这般的苦役。”

征服米底的战争持续了三年。公元前550年，居鲁士攻克米底都城，噩梦应验，他外公做了俘虏。居鲁士属于波斯阿契美尼德家族，所建立的国家就叫阿契美尼德。

◇帕萨尔高德，皇家花园的水道和水池隐约可辨。

西部强邻吕底亚的国王克洛伊索斯（Croesus）看到居鲁士日益强大，欲趁波斯立国未稳，先行消灭。他派人到希腊著名的德尔斐（Delphi）阿波罗（Appollon）神庙祈求神谕："如果出兵进攻波斯，就可以灭掉一个帝国。"克洛伊索斯大喜，再次请求神谕，答："如果一匹骡子变成米底国王，你这个两腿瘦弱的吕底亚人，就必须沿着多石的海尔谟斯（Hermus）河逃跑。"米底国王不可能变成骡子，便于公元前 547 年大胆出兵，攻打波斯。

这神谕估计也是无聊人编出来的段子，纯粹就是文字游戏。

克洛伊索斯焚毁了他遇到的第一座波斯城市普特里亚（Pteria），闻讯而来的居鲁士在这里与吕底亚摆开战场。双方互有伤亡，未分胜负，克洛伊索斯决定退兵。

出乎克洛伊索斯的意料，居鲁士为防他集结军队再次进攻，主动出击，攻入吕底亚本土。双方在首都萨迪斯（Sardis）郊外的辛布拉（Thymbra）平原决战，吕底亚人想依靠长矛骑兵取得优势。居鲁士听从哈尔帕哥斯的建议，

◇私人宫殿的柱子、像腿、衣褶仍然可见楔形文字。一根孤寂的方形断柱上刻着："是我，居鲁士国王，阿契美尼德人"。

将隶属后勤的单峰骆驼集合起来，走在最前面，步兵和骑兵殿后。吕底亚骑兵遇到骆驼，立刻转身逃窜。

《历史》解释，马受不了骆驼的气味，所以害怕骆驼。但吕底亚人毕竟是西亚最勇武好战的民族，他们跳下马来和波斯军队肉搏，只是胜利的天平倒向居鲁士，吕底亚人逃回萨迪斯城。

两周之后，波斯军队攀爬绝壁，攻入萨迪斯，吕底亚灭亡。克洛伊索斯至此才明白德尔斐神谕的真正含义：出兵攻打波斯，被摧毁的是自己的帝国，而居鲁士就是骡子。因为他母亲是米底公主，父亲是波斯王子，这混血儿不就是骡子嘛。

至此，西亚三强已去其二，只剩美索不达米亚的巴比伦王国。两河流域是西亚经济文化最发达地区，是著名的“粮仓”。但居鲁士不急于进攻巴比伦，而是先花六年多时间征服波斯东部和中亚。公元前 539 年，居鲁士乘巴比伦内乱之机出兵。

巴比伦是当时世界上最繁华的都城，异常坚固，无奈内部分歧，很快被攻破。入城的道路上铺满象征和平的橄榄枝，居鲁士握住巴比伦守护神马尔杜克（Merodach）雕像的手，表示愿以巴比伦人的身份进行统治。他释放了“巴比伦之囚”，将帝国首都迁到巴比伦，号称“宇宙四方之王”。《圣经》里说，居鲁士“使列国降伏在他面前”、“使城门在他面前敞开”。

历史学家慨叹：“3000 年之久的美索不达米亚自治就这样结束了。”巴比伦如此富足，可供应居鲁士大军四个月的粮食，而其他地方的料草加起来才够八个月。

从爱琴海到印度河、从尼罗河到高加索，如此广阔的土地，被居鲁士纳入波斯帝国版图。所谓“烈士暮年，壮心不已”，西线稳定后，居鲁士开始对付里海东岸的游牧部落。公元前 530 年，他出兵征讨中亚草原上的马萨格泰人，当时他们由寡居的女王托米丽丝（Tomyris）统领。

居鲁士安营扎寨，以少许士兵留守，大军悄然退后。草原王子率部劫营，杀死留守士兵，居然在原地宴饮。居鲁士杀了个回马枪，俘虏了王子，这公子哥儿羞愤自杀。女王派使者告诉居鲁士：“我对马萨格泰人的主人太阳发誓，不管你多么嗜血如渴，我终会让你饱饮鲜血。”说到这里，我们不禁为这位“大意失荆州”的王子扼腕，但他自杀成仁，亦不失为勇士。

弓箭手射完了所有的箭，两军开始肉搏厮杀。这次胜利属于马萨格泰人，波斯人全军覆没，居鲁士战死沙场。女王找到居鲁士的尸体，割下头颅，放进盛满鲜血的革囊——她实现了自己的誓言，让居鲁士“饱饮鲜血”。

居鲁士之子冈比西斯二世继位，击败马萨格泰人，抢回居鲁士遗体，归葬于故都帕萨尔高德。据传陵墓修建于公元前 546 年，也就是说居鲁士在世时已开始建造。

两百多年后，亚历山大征服波斯，先头部队抢光了陵墓里面的珍宝。所谓英雄相惜，在亚历山大的特殊关照下，陵墓得以幸存。据说，亚历山大不仅修葺陵墓，还数次亲往拜谒。但在阿拉伯人征服波斯的时候，陵墓险遭破坏，当地人谎称这是“所罗门母亲之墓”（Tomb of Solomon's Mother），才得以保全。以后十几个世纪，人们始终认为这座孤独的陵墓属于“所罗门”，直到 1820 年确认为居鲁士大帝陵。

不知道是良心发现，还是心疼他的油钱，司机往座椅后背垫了一块布，感觉舒服多了。要和谐不要对抗，我夸张地感谢他。

古波斯帝国的第一个都城，除居鲁士大帝陵，其他宫殿几乎被都历史湮没了。现今能见到的断柱残墙，是 20 世纪 60 年代初发掘，经重新拼接后所立，如马车驿站、私人宫殿、皇家花园、观众会堂、古桥、宫门、石塔、警卫室等。

皇家花园的水道和水池隐约可辨，私人宫殿的柱子、牛腿、衣襟仍然可见楔形文字，残存的雕像服饰纹理清晰，皱褶分明。一根孤寂的方形断柱上用楔形文字刻着：“是我，居鲁士国王，阿契美尼德人。”

宫殿遗址不远处是古代的马车驿站，几乎没留下遗物。警卫室、宫门通道也只有断残的柱子和墙壁，观众会堂里有根长柱子，孤零零地矗立在中央。附近还有冈比西斯陵，同样没留下什么遗迹。事实上，这里的古迹正在挖掘当中，不远处有推土机，时断时续的轰鸣声在干燥的空气里分外刺耳。

东北山头有座用巨石堆砌的高台，石块间以铁箍连接，为阿契美尼德时期的祭火坛，是波斯波利斯成为拜火教中心前的祭祀场所。拜火教的圣火分家火、庙火和王火。王火为国王祭祀之火，这座石台上祭祀的就是王火，象征王气常盛不灭。

◇帝王谷岩壁上的浮雕，这是萨珊帝国的受降场面，骑着高头大马的沙普尔一世旁边站着进贡什么宝物的罗马皇帝瓦勒里安，脚下为跪地乞降的阿拉伯人菲利普，这幅浮雕让伊朗人引以为豪。

◇帝王谷山岩上的浮雕，阿尔达希尔单枪匹马将安息王打翻在地。

# 阿契美尼德时期的“四大天王”

法尔斯的阳光委实让人难以消受，车窗外快速向后滑行的山体仿佛打满补丁，萧萧疏疏，苍苍茫茫。一生如此短暂，甚至看不清窗外的风景，那些陌生的城市、寂寞的驿站、熟悉的笑容，转眼已是过往。这样想着，不免悲从中来！

“纳克歇·鲁斯塔姆”意为“鲁斯塔姆的榜样”，阿契美尼德时期的“四大天王”就葬在这里，所以也叫“帝王谷”。陵墓开凿在150米高的悬崖峭壁上，与中国西南地区的崖墓或悬棺相似，只是无法进入墓室探查究竟，不知道里面布局。中国古代崖墓内室多壁画，描绘主人生前的事迹。栀子她们对陵墓没有兴趣，便在旁边的小店里吃雪糕，我自去参观。

鲁斯塔姆是波斯史诗《列王纪》中的英雄人物，印度国王扎尔（Zal）的儿子，因在大不里斯坦（Tabristan）山打败白魔鬼而名震天下。看这名字，故事应发生在大不里士。他娶美丽的公主泰米妮（Tahmineh）为妻，但在她怀孕期间不得不离开。儿子出生了，叫苏赫拉布（Sohrab），长大后外出寻找父亲。他们相遇，但却不认识对方，父子交手，鲁斯塔姆用小聪明杀死了自己的儿子。

俄国文学家茹科夫斯基（Zhukovski）据此创作的叙事诗，在年轻勇士苏赫拉布被杀时达到了高潮。亲手杀死儿子的鲁斯塔姆极度悲伤，仰天怒吼，痛哭爱子：

孩子啊，你无比英勇，
出身名门，你在战场上威风凛凛。

日月经天，从未见过你这样的勇士，
但你却抛下盔甲王座永远辞世。
谁像我如此不幸遭此厄运，
垂暮之年亲手杀死骨肉亲人。

鲁斯塔姆也未能善终，他虽为国王战斗，但昏君嫉妒他获得的荣誉，设计将他害死。

“四大天王”的陵墓就在这面屏风样的山岩中间，面对陵墓，从左至右分别为大流士二世（Darius Ⅱ）、阿尔塔薛西斯（Artaxerxes Ⅰ）、大流士一世（Darius Ⅰ）及薛西斯一世（Xerxes Ⅰ）。说起来，这“悬壁造陵”还是大流士的首创，“伊朗”最早出现在他的墓志铭里。

大流士出身于阿契美尼德王族旁系，其父希斯塔斯佩斯（Hystaspes）是帕提亚总督，他的飞黄腾达得益于一次政变。

居鲁士死后，其子冈比西斯二世即位，迁都苏萨（Susa）。他与宽容的居鲁士完全不同，性格暴虐，据说还有癫痫病。为巩固王位，他杀死了自己的亲兄弟巴尔迪亚（Bardiya）。冈比西斯远征埃及，颇有收获，当时大流士任“万人不死军”总指挥。公元前522年，冈比西斯在努比亚（Nubia）征战时，拜火教祭司高墨达（Gaumata）伪称巴尔迪亚，发动政变夺取王位。冈比西斯接到政变消息，匆忙回国，但在叙利亚境内莫名其妙地坠马而死。

高墨达执政半年，从不召见大臣，有传言说巴尔迪亚其实是高墨达，大臣们将信将疑。一日，王妃发现新皇帝没有耳朵，遂将此事告知她的父亲欧塔涅斯（Otanes）。欧塔涅斯是先朝老臣，断定新皇帝就是高墨达，因他曾被居鲁士割去双耳。欧塔涅斯立即将情况告诉了大流士和其他几位贵族，他们决定杀死高墨达夺回政权。“波斯七贵”先派人散布消息，说新皇帝不是真正的巴尔迪亚，而是高墨达。高墨达知道真相败露，惊慌失措，逃到米底，最终被杀。但希罗多德说，高墨达曾废兵役免税赋，颇受时人拥戴。

事后，欧塔涅斯退出王位竞争，其余六位都认为自己应该为王。“六贵”商定，翌日早晨骑马在郊外集合，谁的马先嘶叫谁就做王。仆人耍花招使大流士的马先行嘶鸣，大流士顺利登上王位。但他开始的日子很不好过，各地

◇帝王谷，面对陵墓，从左至右分别为大流士二世、阿尔塔薛西斯、大流士一世及薛西斯一世。萨珊王朝君主表示自己是阿契美尼德人后裔，在下面刻了八幅浮雕，多为征战杀伐，宣扬武功。

出现叛乱。大流士历时一年，进行18次战役，各个击破，平定叛乱。他将胜利刻在悬崖上，即著名的“贝希斯顿铭文”：“与叛者决战，连战连胜，凡十八战，降九君。”

他继承居鲁士管理国家的风格，使被征服地维持相对独立，即“大一统，小自治”。首创行省制，将全国分成23个行省，改革军队，完善法律，整顿赋税，修建驿道，统一货币和度量衡，将拜火教定为国教。他在位时，波斯帝国空前鼎盛，国土面积达700万平方公里，是名副其实的“全部大陆的君主”，人类历史上第一个横跨亚欧非的大帝国就是阿契美尼德。

大流士统治波斯37年，晚年有些固执。为了夺取爱琴海和东地中海的控

制权，发动长达半个世纪“希波战争”。但他未能征服希腊人，马拉松战役失败后，埃及又爆发起义。他前往镇压，最终“出师未捷身先死，长使英雄泪满襟”。

薛西斯子承父业，继续对希腊用兵。公元前480年，他再次进行规模空前的远征，突破温泉关，攻陷雅典。希腊联军退守雅典西南的萨拉米（salami）海湾，双方展开著名的“萨拉米海战”。波斯海军数倍于希腊，薛西斯胜券在握，不想出了内奸，军队部署被希腊人洞悉，导致海军惨败。希腊联军转守为攻，迫使波斯陆军撤退，临走前放火烧掉了雅典城。

将火奉为神灵的波斯人没有意识到，两百多年后遭到报应，这把火最终又烧了回来。

四座陵墓的样子都差不多，岩壁凹陷呈十字，难道早期的拜火教对十字架情有独钟？中央开小门，里面是墓室。十字顶端有三层浮雕，上层为拜火教主神阿胡拉·马兹达和圣火，中下层为托举状的士兵百姓。这里面的寓意，想来与中国“水能载舟，亦能覆舟”相若。生前叱咤风云，死后安享寂寞，阿契美尼德的帝王们倒也与时俱进。

后来的萨珊王朝君主表示自己是阿契美尼德人后裔，在下面刻了八幅浮雕，多为征战杀伐，宣扬武功。如阿尔达希尔单枪匹马将安息王打翻在地，巴赫拉姆二世（Bahram Ⅱ）、戴着皇冠的沙普尔二世等人战斗的场面，还有纳尔赛斯（Narsis）的加冕仪式等。其中最著名的是骑着高头大马的沙普尔一世的受降场面，他旁边站着进贡什么宝物的罗马皇帝瓦勒里安（Valerian），脚下为跪地乞降的阿拉伯人菲利普（Philip），这幅浮雕曾让伊朗人引以为豪。

岩壁对面有座长方形建筑，年代早于帝王墓穴。不知怎的，半截位于地下，方方正正，像座碉楼。有说为当时拜火教的中心神庙，最初的宗教寺庙都这么简单？也许很长时间不曾清理，低矮的庙门已经堵塞。古波斯帝国信仰拜火教，将主神阿胡拉·马兹达的崇拜放在首位，从阿契美尼德到萨珊王朝，都以拜火教为权力依据，通常将其神像刻在陵墓、神庙、崖壁的最高层。

栀子留给我半盒雪糕，问门票多少钱。我才发现真有售票处，但进门时没人理我，大概将我当成某旅行团成员了吧。

司机饿了，将我们带到装修成山洞模样的餐馆里。天气热得几个人毫无食欲，只吃自助的蔬菜沙拉。结账时发现多收35%的服务费，而菜单上明确写着15%。我和栀子过去理论，前台居然说因为我们是外国人。那么，司机是本地人，为什么要多收？有位会英语的本地妇女也认为不合理，帮忙说话，最后将司机用餐的服务费减去。费用不多，但这种行为实在恶劣，无疑于抢劫。所以，任何地方景点附近的餐馆都不靠谱，奸商们总会挖空心思算计外国人。

午餐过后，司机将我们直接拉到波斯波利斯。显然不对，因为计划中将波斯波利斯留到最后，以便停留更长时间。返回停车场，强烈要求司机先去纳克歇·拉贾巴，我几乎要吼起来。这家伙无奈，打电话给酒店，通话再三，最终很不情愿地走回头路。

纳克歇·拉贾巴在鲁斯塔姆对面，相距不到1公里，但从波斯波利斯过去要稍远点儿。“拉贾巴”是波斯历七月，其实是个低矮的山坳，三面为石灰岩，上面雕刻四幅壁画，为 1931 考古发现的萨珊王朝早期的作品。

第一幅为萨珊王朝的创建者阿尔达希尔一世（Ardashir Ⅰ）从代表光明和幸福的拜火教主神阿胡拉·马兹达手中接过象征王权的圆环，意谓“君权神授”；第二幅为沙普尔一世（Shapur Ⅰ）接过圆环，继承王权；第三幅浅浮雕为“沙普尔的游行”，庆祝他于公元 244 年对罗马和阿拉伯的军事胜利；第四幅浅浮雕，是沙普尔与拜火教大祭司，及王子霍尔米兹德（Hormizd Ⅰ）和巴赫拉姆（Bahram I），可惜残缺不全，只剩半截人身。

伊朗多山多石，古波斯帝王便以石造像，炫耀自己的丰功伟绩。雕刻细腻生动，衣服的折痕、华丽的马饰、卷曲的须发，惟妙惟肖。但骑士腿部下垂，似乎“无枝可依”，可见萨珊王朝早期还没有马镫。考古发现，中国在公元 3 世纪已有了成熟的马镫。别以为马镫是个小玩意儿，在军事上意义非凡，“马镫把畜力应用在短兵相接中，使骑兵与战马融为一体。”

公元224年，萨珊王朝取代安息帝国，定都巴格达东南的泰西封（Taysifun）。从阿尔达希尔开始，与罗马及后继的拜占庭（Byzantine）帝国共存四百多年，曾出现过霍思劳一世（Khosrau Ⅰ）这样伟大的明君，一度成为西亚最强大的国家，是古波斯文化的巅峰时期。所谓物极必反，随着阿拉伯人崛起，末代波斯王子逃往唐都长安，萨珊帝国灭亡，古典波斯就此终结，接下来是漫长的伊斯兰化时期。

返回波斯波利斯，还不到四点，栀子她们到旁边的纪念品店消磨，我自去看旁边的书画展览。伊朗时间比北京晚三个半小时，日落最少还要四个小时。

# 波斯波利斯

贾姆希德宴饮的宫殿
如今已成野狮蜥蜴的欢场；
好猎王巴赫拉姆的墓头，
野驴已践不破他的深梦。

——《鲁拜集》

考古学家认为，波斯波利斯由大流士始建于公元前 515 年，前后历三世花费 70 多年，也许根本就没有完成。“波斯波利斯”是希腊人说法，意为“波斯人的城市”，伊朗人则叫“塔赫特贾姆希德”（Takht-e-Jamshid），即“贾姆希德的宫殿”。

波斯语“贾姆希德”意为“闪耀的贾姆”，他本是波斯神话中的明君，原为仙王，因自夸永生，被贬人世。印度与其对应的是死神阎摩王（Yama），亡灵审判者，随佛教到中国后成了阎王爷。有意思的是，印度的魔王阿修罗（Asura）就是伊朗的善神阿胡拉（Ahura），敢情屁股决定思维，恶魔来到伊朗后洗心革面蜕变为光明神？

大流士打造了三个都城，除夏宫哈马丹和冬宫苏萨，最重要的就是这礼仪庆典之都波斯波利斯，用以接待外国使臣，接受万国朝拜。公元前 334 年，马其顿国王亚历山大东征，连败阿契美尼德的大流士三世，征服波斯，放火将这座壮丽的宫殿烧成了废墟。20 世纪 30 年代美国芝加哥大学东方研究所和

◇万国门，正面雕刻常见的牛身鹰翅人面保护神，戴王冠，有法老样卷曲成疙瘩的胡须。

伊朗政府联合发掘，古城遗迹才重见天日，1979 年联合国教科文组织将其列为世界文化遗产。

宫城建立在约 12 米高的石头平台上，东面依靠善心（Mercy）山，西面朝向平原。城内分三个区域，北面是外朝区，包括百柱宫、觐见厅，用于接见大臣和属国的使节；西南是内庭区，为国王的生活区；东南为珍宝库房，存放国宝。外朝区东侧有卫戍士兵宿舍，东北和东南有岗楼。所有房屋都有高大的石墙和石柱，石墙用伊朗产的硬质灰色石灰石，墙面和石柱用大理石，立面有雕刻。

入内可以带相机，但不允许带包。正面有两条如书名号般的阶梯，每级宽 40 厘米，高 10 厘米。据说这种设计是为了方便马队直接通行。远道而来的骑士轻勒缰绳，高大的波斯骏马昂首挺胸，拾级而上，那是怎样的场面啊！

高达 18 米的万国门（Gate of All-Lands）让人敬畏。其实是两扇门板样的石柱，正面雕刻常见的牛身鹰翅人面保护神（Guardian Bulls），戴王冠，有法老样卷曲成疙瘩的胡须。门上用波斯、埃兰、古巴比伦三种文字刻着薛西斯的题词："仰仗阿胡拉马兹达的恩赐，我建造了万国门，这是法尔斯多好的建筑啊。我建的老爸建的，左看右看蛮好看，皆因阿胡拉他老人家的厚爱，我们才得以完成。"细看，还有用波斯文涂鸦的"某人到此一游"。

气势磅礴的万国门，先给来人一个下马威。但不用下马，因为这条宽达 10 米的道路本来就叫 "Army Street"，骑士们通过 92 米长的走廊，接受检阅。昔年的大流士雄姿英发，如今只能在纳克歇 · 鲁斯塔姆的坟墓中回忆他的"万人不死军"。

走廊边立石柱，顶端相背而卧的鹰面马头雕像，就是拜火教的"胡麻神"，也是伊朗航空的标识。往南就是觐见厅（ Apadana ），或叫"典礼宫"，是举行盛大仪式的场所。建于 2.6 米高的正方形台基上，每边长 83 米。台基的北侧面和东侧面各有两条阶梯，饰有大量浮雕，刻画服饰各异的朝贡者列队前进的场面。

当时波斯帝国共有 23 个民族、35 个属国。根据使者服饰和所贡物品能识别出阿富汗、印度、埃及、希腊、小亚细亚、腓尼基、巴比伦、阿拉伯等国人，手里捧着王冠、宝石、酒器、衣物、皮毛，牵着毛驴、绵羊、瘤牛、种马、骆驼以及挑着担儿推着车辆的队伍，一派繁荣昌盛的气象。所有这些，都以楔形文字公告：“…… 承蒙阿胡拉·马兹达的恩典，我依靠波斯军队征服这些国家，给我送王冠的有 ……”后面列出一串国家名字。

除阶梯外，台基立面也有对称的浮雕。庄严的仪仗队伍和武装士兵，据说有 1 万名，即波斯帝国的“万人不死军”。头发胡须拧成疙瘩，像榴梿，应该是抽象的艺术手法吧？太复杂了，我不相信古波斯人留那种发型。这种武士形象几乎是古波斯的名片，伊朗现代建筑门上也能看到，如中国的秦琼敬德。想起马什哈德的大胡子，这浮雕该不会以他为模特吧？

拾级而上，可见宫殿遗迹，主厅为正方形，每边长 59 米，厅内有 36 根石柱，柱高 21 米，残存的 13 根石柱矗立原地。柱础、柱身和柱头有雕刻，柱头雕刻独具特色，自上而下，有覆钟、覆莲和竖立的成对涡卷，顶端为相背而跪的雄牛，牛头间可架设托梁横木。

据说，宫殿屋顶原用黎巴嫩雪松作梁枋。主厅四壁厚约 5.1 米，开高大门窗，内墙原有壁画，外墙贴黑白两色大理石或彩色琉璃砖，雕刻花纹或拼接图形，屋檐和枋木都包贴金箔。虽为木石结构，但结构轻盈，空间宽敞，实属当时最辉煌的建筑。

典礼宫东西北三面都有相同的门，每个门厅有两横列共 12 根石柱。南面直通后宫寝室，西侧面伸到宫城平台墙壁外，构成检阅台，能俯瞰前方平原上属地王侯们搭建的帐篷。可以想见当年的大流士薛西斯们在贵族和武士簇拥下，在这里对属国臣民发号施令，是如何地意气风发。

末代国王大流士三世绝非昏庸无能，他曾是波斯军中的勇士，原被权臣当作傀儡扶上帝位，所接手的阿契美尼德已经是个烂摊子。继位后除掉权臣，平定埃及，只可惜遇到了为战争而生的亚历山大。伊苏斯（Issus）一战，大流士三世丢掉了半壁江山，连王后、女儿、母亲等都做了俘虏。现代史学家估计，此战波斯军队至少比马其顿多 1 倍，但波斯士兵的素质明显不如马其顿人。

紧靠善心山，即典礼宫东面是建于大流士一世时期的百柱（Hundred Column）宫，为接见文武百官的宫殿，大厅方形，边长 69 米，因厅内原有 11.3 米高的 100 根石柱而得名。现在基本没有完整的柱子了，只有像脸盆样倒扣于地的石础整齐排列。高耸的南门尤其雄伟，通体浮雕，自上而下分别

◇左：大流士宫，断墙上有大流士的雕像，身后是打伞的侍从。据此，波斯人说伞是他们发明的。
◇右：善心山上阿尔塔薛西斯二世的陵墓，麦冬伸长了脖子在看岩壁上面的浮雕。

是阿胡拉·马兹达、国王，下面几层为双手呈托举状的士兵百姓，据说是亚述人、米底人和波斯人。

两个穿着宽阔“哈伦裤”（Harem）的库尔德人穿过百柱宫，倒真是别样的风情。据说，库尔德人就是古代亚述人的后裔。伊朗是多民族国家，波斯人占 66%，阿塞拜疆人占 25%，库尔德人占 5%，国民 98% 信奉伊斯兰教，其中 91% 为什叶派。

典礼宫和百柱宫主要用于庆典和礼仪活动。每年春分，国王来此主持盛大的诺鲁兹（Nurouz）节。“诺鲁兹”来源于拜火教，即波斯历新年，是太阳诞生的日子。典礼结束后举行宴会，能享用到骆驼肉、鸵鸟肉，席散时还可“吃不了兜着走”，把银盘玉碗顺手牵羊。现在的伊朗餐馆里只有“烤爸爸”，大不如昔。

西南内庭区有大流士宫、薛西斯宫，以及其他寝宫、会议室等，周围有花园、假山和亭阁。大流士宫保存的石材和石雕最多，门道和两壁饰有对称的牛身鹰翅人面守护神。

◇阿契美尼德时期的武士形象，如今也是雅利安民族勇敢善战的象征。

◇左：“典礼宫”，是举行盛大仪式的场所。麦冬从一根残存的石柱旁边走过。
◇右：波斯人崇拜狮子，随处可见“雄狮猎牛”浮雕。意为“冬去春来”。
◇中：百柱宫北门，巨大的人面牛身鹰翅雕像，面目已经被亚历山大和岁月剥蚀得残缺不全。
◇下：两个穿着宽阔“哈伦裤”的库尔德人穿过百柱宫，倒是别样的风情。

伊苏斯战役失利后，大流士三世组织起一支号称百万之众的军队。公元前 331 年，与亚历山大在高加米拉（Gaugamela）决战，结果他数量众多的新兵蛋子再次被装备精良的马其顿军队击败，只好逃往埃克巴坦纳(Ecbatana)，即今哈马丹，欲图东山再起。希腊史料和巴比伦编年史对战役失败的原因记载有所不同，但不论如何，幸运之神总是伴随着亚历山大。

波斯人崇拜狮子，随处可见“雄狮猎牛”浮雕。为表现狮子力大无穷，工匠们将其肌肉雕刻得异常发达，而且胁生双翼，前爪嵌入牛背，再来个狮子大开口。公牛前蹄腾空，回头看时，半只屁股已经没啦。狮子象征春天，公牛象征冬天，狮子吃掉公牛，意为冬去春来，寓意有些残忍。也有说阿契美尼德的帝王警告他的属国，谁胆敢犯上，就会被吃掉。但是，石门内侧的立狮浮雕，却被国王的匕首刺中腹部，证明国王比狮子更强更壮更猛。中文“狮”发音源自波斯语“Shir”。

其实，狮子在什叶派穆斯林中还有特别的含义。相传第三伊玛目侯赛因在卡尔巴拉战死，真主派狮子和其他动物守护其尸身，直到两三天后被拥护他的信徒发现。波斯人将狮子当成宝贝，如中国之熊猫，明代时，还曾进贡给我天朝上国。

穷途末路的大流士三世没有战死，却被自己军中的叛徒所杀。古罗马庞贝（Pompeii）出土的伊苏斯壁画显示，末代波斯王身材高大，相貌英俊，是名副其实的“高富帅”。据说亚历山大进入冬宫苏萨，登上大流士的宝座，尴尬地发现自己两脚悬空，随从赶紧拉过矮桌给他垫脚。史料记载，亚历山大将大流士三世的遗体运回巴比伦，以国礼厚葬。

东南珍宝库区如迷宫，面积超过 8000 平方米，当年存放着许多金银财宝。公元前 330 年，波斯波利斯未经交战便落入亚历山大的骑兵手中，他们发现了惊人的宝藏。希腊历史学家普卢塔克（Plutach）估计，至少需要 1 万对骡子加 5000 头骆驼才能将这些财宝运走。现在修复了一座约 750 平方米的库房用作展厅，陈列在此出土的文物，如埃及的磨制石碗石盘、阿富汗的蓝色青金石、中亚诸国的金银饰品等。

东面就是当地人所称的“善心山”，半山腰的岩壁有两座陵墓，我和麦冬沿山路爬上去参观。陵墓和纳克歇·鲁斯塔姆的相似，呈十字形，分别是阿尔塔薛西斯二世和三世。从这里可以俯瞰整个波斯波利斯，夕阳枯草，断壁残垣，一片伤心。

真是难得，波斯波利斯西边有片树林。当地人说，树木与波斯波利斯同龄。大概沾了帝国的王气，长得比较茂密。我觉得不太可能，历 25 个世纪的树木该有多老？恐怕早都成“树化石”了。

关于波斯波利斯的毁灭，恶毒而浪漫的说法当属“名妓毁城”。据说雅典名妓泰绮思（Thais）在攻陷波斯波利斯的庆功宴会上，怂恿亚历山大焚烧曾毁了她家乡的薛西斯的宫殿，声称这样，子孙后代就会说：一个随军远征的女子比马其顿全体将士给予波斯人的惩罚还要重。士兵们大声喝彩，亚历山大亲自为她开道，在歌舞宴乐声中，放火烧毁了一切能烧毁的东西。

考古学家在挖掘波斯波利斯时，发现灰烬足有 1 米深，可见当时火势多么猛烈。通常认为，亚历山大烧掉波斯波利斯，是报复当年波斯军队进攻希腊火烧雅典，可惜，波斯人尊崇的拜火教大神也无能为力。无论如何，阿契美尼德和其最宏伟的宫殿烟消云散了，安息、萨珊和萨法维虽然也曾辉煌，但远没达到阿契美尼德的高度。

想起圆明园，虽相隔两千多年，但遭际何其相似？也许，当时的杀戮场面我们根本无法想象。《亚历山大传》描述，波斯首脑们穿上他们最漂亮的礼服，宁可从城墙顶端跳下或在家里自焚，也不愿落入敌手。士兵们四处抢掠，切割战俘的喉咙，或因分赃不均而自相残杀。大屠杀延续了好几天。

一把火烧掉了阿契美尼德。后来的波斯帝国，都没有留下这样史诗般的建筑。如今，波斯波利斯是伊朗旅游的标志，只能让远道而来的我们忆古伤今，感慨兴亡。

# “啊，这种交易太不公平”

什么话哟！造物借烂铁于人，

归还借债时要人偿以纯金——

这是几时定下的合同？

啊，这种交易太不公平！

——《鲁拜集》

说说话话的时候，被景区的小卖部给坑了。我问一杯饮料多少钱，答曰7000，麦冬拿起就喝，结果伙计说7000图曼，幸亏我的一杯尚未启封。也怪我没问清楚，吃了“图曼”的亏。虽然平常遇到的波斯人都热情有礼，但景区的小贩还是会欺侮外国人。

司机见我们出来晚了，满脸不高兴地抱怨。栀子补了1美元，才堵住他的嘴。回城要经过古兰经门，我让他稍作停留，拍张照片就走，他居然不予理会，反而提出新建议。我没好气地说：“回酒店。”

古兰经城门已历千年，据说有人曾在城门顶的小房子里放了本《古兰经》，祈求真主保佑来过设拉子的人们：你们应当鞠躬而进城门，而且说“释我重负”，我将赦宥你们的种种罪过，我要厚报善人。我觉得，这话倒好像真主和谁谈条件。

听人推荐，巴扎附近有家传统的波斯餐馆，便去尝试。餐馆位于地下，除了自助的蔬菜沙拉，其他无非“烤爸爸”。食物的味道也就那样，但这里

◇传统的波斯餐馆位于地下，除了自助的蔬菜沙拉，其他无非“烤爸爸”。这里的演出倒确为原生态的波斯风，算是伊朗的“F4”，年龄合计超过200岁。

的演出倒确为原生态的波斯风。老艺人算是伊朗的“F4”，年龄有点偏大，合计超过200岁。扬琴、手鼓和小提琴，还有个颤巍巍的老歌手。

与昨夜相比，演出有些土气。然而，我喜欢，麦冬嘲笑我不懂欣赏。坦白说，昨夜的歌手固然专业，但浮躁的流行音乐，中国和伊朗的歌手演唱起来没什么区别。老歌手的演唱我也听不懂，但他忧郁而沙哑的歌喉别有韵味，让我想起山水田园，想起巴扎市井，想起吟游诗人萨迪，也许他就是这么边唱边吟边游的吧？

今夜乘巴士去亚兹德，车站不远，打车几分钟就到。但工作人员说我们买的是普通票，而非贵宾票。怎么可能？订票时，甚至要求买“沃尔沃”客车，酒店老板难道又坑我们？当时还直呼便宜。一个大学生过来帮忙，他打通酒店电话，前台抵赖，说就是这种票。栀子接过电话，愤怒地和酒店老板吵架。我劝她算了，反正票价不贵，贵宾车位置还有，补足差额就是。

看来，这个能说会道的酒店老板是个“笑面虎”，一不小心又被坑了，还好损失不大。

热情的大学生带我补了车票。佩兰送他小礼物，让他留下联系方式，到亚兹德好约他出来。但电话没能保存，只有电子邮箱。后来发现邮箱地址错误，根本发不出去。其实，如果不补票，我们就会坐同辆车。

所谓豪华贵宾车也不过座位稍宽，靠背可以调低，前面伸起来个放脚的托儿。但是，这夜间的旅程，我总在半醒半梦之间。

# Yazd / 亚兹德

比纳姆穿套棉麻休闲装，肩搭围巾，配上他满脸络腮胡子和卷曲头发，像极了波斯波利斯遗迹断墙壁上的武士浮雕。几个女子见了，差点儿尖叫起来。

# 一座黄色的泥巴城

君不闻，自古有口碑流传，
人类是造化之所抟埦？
人类的代代生生
都是由黏土造成。

——《鲁拜集》

丝路宾馆门前有个广场，出租车停下来，司机陪我敲门。半晌，有个睡眼蒙眬的人伸出头来说“客满”，让司机将我们拉到隔壁客栈。在亚兹德，丝路宾馆是背包客的天堂，以其传统的波斯庭院和热情服务为经济旅行者所熟知，连汽车站揽客的司机都在念叨“Silk Road”。作为甘肃人，丝绸之路贯穿故乡南北，听这名字，怎能不动心。

奥西斯（Oasis）是丝路宾馆的分店，泥巴墙，拱形门，粗重的木头门扇布满铁钉，两边的把手各不相同，左门是四棱铁条，右门为圆环。我抓住圆环就敲，司机跟上来，微笑着说：“男人应该用左边的。”

其实，我看到过相关的规矩，此际却忘了。左边的铁条声音厚重，右边的圆环声音轻脆，主人从声音判断来客性别，以决定家里女眷是否回避。如男主人不在，女眷则可以不予应答，客人自会离去。这倒能理解，因为伊斯兰妇女在家尽可花枝招展。但我还是不服气，宾馆嘛，不管男女都应该欢迎光临吧。

司机替我敲门。伊朗人胡子拉碴，看似粗犷豪迈，实则举止文雅。譬如这敲门，司机先敲一下，略顿，再敲两下就原地等候。如果是我，恐怕要敲到震天价响了。门开了半边，一个毛茸茸的脑袋伸出来，眯缝着眼睛打量我们。

我问："有房间吗？"他微笑着点头。大概没有睡醒，表情慵懒，像是"憨豆"先生。

这宾馆也用传统的波斯民居改造而成，可别小看，是萨法维时期的建筑。低陷的院子里摆着几张圆桌，中间是小花园，架子上面爬满了葡萄藤，四周为房间，泥墙用白灰勾勒出简洁的图案。西厢房类似"忙上炕"，铺着地毯，大概是祈祷厅，有位游客睡得正香。如此小巧而精致的庭院，真所谓宾至如归，姑娘们异口同声说喜欢。

栀子砍价成功，双人间 40 万里亚尔。还不到六点，大家赶紧补充睡眠。

我率先醒来，见她们还没动静，便自去街上溜达，出门右拐就是星期五清真寺。伊朗每个城市都有星期五清真寺，得名于穆斯林在星期五举行的"主麻日"（Jumu'ah）聚礼。"主麻"系阿拉伯语音译，原意为"聚集"。先知穆罕默德于 622 年 9 月到达麦地那，首次在市郊古巴（Quba）清真寺聚众礼拜，时逢公历星期五，伊斯兰教历命名为"主麻日"，也是伊斯兰国家每周休息日。

伊朗人深爱天堂般的蓝色，而亚兹德则将其诠释得淋漓尽致。星期五清真寺大门饰以漂亮的蓝色花纹，两座宣礼塔高达 48 米，直插云天，据说为伊朗最高。门前有两排拱形壁龛，从墙上的文字可知，清真寺始建于 12 世纪，最初为拜火教寺庙，15 世纪改建为清真寺。

星期五清真寺是由寺院、学校、浴室和巴扎组成的建筑群，除祈祷大厅的圆顶和漂亮的大门，别的设施用土黄色的泥砖筑成，粗中有细，对比强烈。大厅正中有蜂窝状的"米哈拉布"，四周镶嵌波斯书法。我原以为，能写成书法的文字，除了中文，日语符号勉强也算，想不到波斯书法自成风格。时间尚早，来此朝拜的信徒不多，我正好可以欣赏墙壁间的书法。

波斯书法脱胎于阿拉伯文"库法体"，即角形与直线结合。现在波斯书法可谓百花齐放，书写立体人名或幻化成各种动植物形状，别有意趣。据说，萨法维时期的大书法家米尔·伊玛德·哈萨尼（Mir Emad Hassani）因和王子关系密切，招来妒忌，惨遭杀害。酷爱书法的印度莫卧儿国王贾汗吉尔

◇老城街道中心的钟楼，两边蓝色的是波斯书法装饰，下面是交警办公室，有个警察正在值班。

（Jahangir）叹道：“如果把米尔交给我，我会送他们等重的珠宝。”

波斯文原为手写体，在我看来，张牙舞爪，确不如方正的汉字有型。也许伊朗人眼中，中国书法也如“火星文”吧？

阿拉伯最初的清真寺没有花纹图案装饰，吸收波斯元素后，才有了新花样。譬如雅利安人特有的“卐”“卍”符号、六角星标记，以及做成花瓶状的火焰，都被聪明的波斯工匠融入清真寺的装饰图案中。阿拉伯人统治时期，波斯人被迫信仰伊斯兰教，但还是想方设法传承自己的文化，可见波斯文明伊斯兰化是个痛苦的过程。

当年突厥人和蒙古人入侵波斯时，骑着高头大马的军人会直接闯进清真寺。为此，波斯工匠在清真寺门前拉了条绳子，迫使这些粗鲁的野蛮人下马。如今亚兹德的清真寺门前还能见到这样的绳索。

清真寺穹顶靠四周墙体支撑，这也是波斯建筑的风格。如以梁柱支撑则为伊斯兰风格。就大门而言，弧形拱门是波斯风格，而上面居中有尖顶的拱门为伊斯兰建筑。

阳光打在走廊里，形成明暗相间的斑马纹。我坐在台阶上，享受难得的宁静。“亚兹德”波斯语为“神圣、富裕”，就像身形硬朗的乡下老人，横卧在希尔（Shir）山东北麓的盆地里，传说已有7000年历史，誉为“地球上最古老的活着的城市”。事实上，纵横在伊朗高原上的统治者们，没有谁看得上这个沙漠城市，从未在此建都。而历代管理亚兹德的地方长官，也不过修了几座无关痛痒的建筑，所以整座城市基本保持着原始的风貌。

不论怎样，地处沙漠中心的亚兹德，显得有些老迈。事实上，亚兹德作为商业中心已经有些年头了，曾经是丝绸之路上的重镇。中国元朝时，旅行家马可·波罗经过这里，形容亚兹德是“一个精致而壮观的商业城市”。现在的亚兹德分新城和老城，我们就住在老城中心。

几只乌鸦在高耸的宣礼塔周围低回盘旋，偶尔发出嘶哑的叫声，使这里更显古老洪荒。步出清真寺，外面行人稀少，便沿着小巷子随意走去。相对于大城市，亚兹德更像村镇，没有高楼大厦，街道两边是低矮的泥巴垒起来的房子，门前沟渠里流淌着来自坎儿井的雪水。

转眼来到伊玛目霍梅尼大街，十字路口有座钟楼样的建筑，下面站着警察，

◇爬到宾馆的房顶上，还能看到亚兹德的地标，高耸的星期五清真寺的宣礼塔。

里面有桌椅等办公设施，大概是交警的办公室吧。我说伊朗人偏爱蓝色，亚兹德人则予以证明，譬如这土色的钟楼，两边饰有鲜艳的蓝色花纹，很有看头。和中国一样，两边是波斯“对联”，不知道是否讲求对仗。

前面有座清真寺，几个穿长袍戴头缠的毛拉走过——“毛拉”是伊斯兰教士，系清真寺经堂大学和经学院“穿衣”毕业的伊斯兰宗教学者，与中国穆斯林“阿訇”相若。这里该不会有什么活动吧？我尾随他们进去，右边是礼拜大厅，一排镂雕精细的格子门前堆满了鞋。入乡随俗，我也脱鞋进门，工作人员毫不介意，甚至要求照相。

原来是哈兹勒（Hazireh）清真寺，阳光从镶满彩色玻璃的格子窗里照射进来，铺着地毯的大厅变得扑朔迷离，犹如梦境。几位毛拉在光影里面商量着什么，就像披着五彩羽衣的仙人，我忍不住按下快门。大概是什么团体的培训课，学员们席地而坐，排成四列。我插在中间，看他们葫芦里到底卖什么药。

什叶派的宗教学者分大阿亚图拉（Grand Ayatollah）、阿亚图拉和霍加特

◇亚兹德真是用泥巴捏出来的城市，满视野黄色的黏土建筑。阳光铺散开来，屋顶或方或圆的风塔鳞次栉比，像飞碟，像蜂巢，像城堡，让人惊叹不已。

伊斯兰（Hojatoleslam）三个教阶。前领袖霍梅尼就是大阿亚图拉，常见形象为黑色缠头，即“戴斯达尔”，表明他是圣裔——第七伊玛目的后人；哈梅内伊则是第三伊玛目的 23 世孙。非圣裔则戴白色缠头，除神职人员，普通穆斯林无所谓帽子。中国回族穆斯林多戴小白帽，维吾尔族则戴小花帽，这几乎成为他们的标志。

毛拉开始发放类似问卷的纸张，轮到我时，犹豫片刻又收了回去。课程开始，叽哩呱啦，我哪里能够听得懂？坚持几分钟，只好无聊地溜出房间，原路返还。

栀子她们刚醒，早餐尚未做好，我又爬上顶楼去看风景。

亚兹德真是用泥巴捏出来的城市，满视野黄色的黏土建筑。阳光铺散开来，屋顶或方或圆的风塔鳞次栉比，像飞碟，像蜂巢，像城堡，让人惊叹不已。这“风塔之城”果然名不虚传，绝无仅有，古代的波斯人创造了什么样的奇迹啊！

# “波斯王道”上的古城堡和骆驼驿站

年轻的客栈经理叫比纳姆（Behnam Khodashenas），脸上永远挂着微笑，慢声细语，感情丰富，但不觉得“娘娘腔”。很快，我的小伙伴们迷上了他，找借口搭讪。他似乎还有正式职业，这会儿，他穿套棉麻休闲装，肩搭围巾，配上他的络腮胡子和卷曲头发，像极了波斯波利斯墙面的武士浮雕。几个女子见了，差点尖叫起来。麦冬说，很想摸他浓密卷曲的头发。

关于今天的行程，比纳姆建议先坐公共汽车到梅博德（Meybod）古城，然后打车到其他景点，这样就会便宜许多。为图省事，我们想全程包车。他说客栈可以叫车，但费用稍贵，自己找车则要便宜些，说着用波斯文写下要去的景点名称，让我们自己去找车。他似乎不太介意客栈的生意，尽量为我们着想，有这样的经理吗？我突然明白，许多游客喜欢亚兹德，与当地人的生活理念不无关系。

一辆出租车停下来，司机看完行程单，叫我们上车。但是，此公自己不去，而是想忽悠别的出租车前往，难道要收中介费？如此这般，折腾一个多小时，还在老城转悠。气愤之余，叫他返回客栈。这老哥伸手要钱，栀子拿块汽车上发的饼干作为奖励，他吹胡子瞪眼，愤愤不平。

这番纠缠过后，时近中午，只得让比纳姆叫车。

梅博德是亚兹德第二大城市，在亚兹德北 52 公里处，有迹可循的历史超过 1800 年，是丝绸之路上非常重要的城镇。说起来，梅博德曾是莫扎法尔（Mozaffarid）王朝的策源地。14 世纪蒙古伊儿汗统治时期，莫扎法尔为梅博德的总督。随着伊儿汗（Ilkhanate）帝国崩溃，他儿子穆巴里兹丁（Mubariz

◇梅博德古城堡，原是丝绸之路上的重镇，现在只见残存的断墙和一座碉楼。从门洞里望出去，满目的黄土建筑，星星点点的绿色似乎有不能承受之重。

al-Din）入侵克尔曼，征服巴姆，击败因贾（Injuids）王朝，攻陷伊斯法罕，定都设拉子，成为伊朗中部最强劲的势力。

古城有许多历史遗迹，譬如伊朗最老的纳林城堡（Narin Castle），始建于萨珊王朝时期。梅博德还盛产诗人、学者、政治家和宗教领袖。可惜的是，不懂考古价值的当地政府拆掉了许多历史建筑。谁说只有中国乱拆迁？

纳林城堡建在伽林（Galeen）山顶，似乎废弃很久了。一座圆柱形碉楼保存比较完整，带着明显的伊斯兰印记，泥砖墙体上的花纹很像设拉子卡里姆汗城堡。我总觉得，这种土城很难保存，好在容易垮也容易修，不断垮不断修。事实上，顶层因维修和重建已经伊斯兰化。所以，这座不起眼的城堡流淌着波斯各个时代的血液，是伊朗历史的缩影。

伊朗现存的波斯建筑不多，最常见的是融合了波斯风格的伊斯兰建筑。这座平滑的弧形城门就是典型的波斯风格，而顶层因不断修葺已失去原貌。进入城堡，登高而望，梅博德城的风光尽收眼底。这也是座泥巴捏成的都市，人家参差，屋顶错落，奇形怪状的风塔和清真寺圆顶，构成充满异国情调的沙漠画卷。

附近有坎儿井，地表隆起个圆顶，周围三座长方形风塔，风窗穿木棒以防震，像天外来客。据说有些风塔内部装五彩玻璃，置特殊气味的木头，能防蚊虫苍蝇。

沿着台阶进入地底可见暗渠。伊朗人挖坎儿井的历史超过两千年，甚至远至公元前 6 世纪，通常沿着自然坡度在地下 10 余米深处挖掘暗渠，将雪水引入地底，尽量减少蒸发。每隔一段距离再从地面打竖井连通水渠，以便取水饮用和灌溉。

中国新疆的坎儿井总长达 5000 公里，世界上最长的坎儿井却在伊朗的呼罗珊。《史记 · 五帝本纪》云：“…… 瞽叟又使舜穿井，舜穿井为匿空旁出。”这“匿空”就是水平地道，是不是坎儿井？比波斯传说早千余年。甘肃也有坎儿井，我没见过，却在伊朗看了个够。我想，如果将地底纵横交错的水道网络，画成立体图，该是怎样一幅战天斗地的景象？

坎儿井和风塔是绝配。亚兹德人不仅利用坎儿井的水流驱动水车磨面，还利用穿过地下房屋的水渠，结合风塔组成天然的空调房。伊朗沙漠地区的

◇伊朗的坎儿井，地表是长着三个风塔的圆顶，初见之下，以为什么外星建筑。

◇从坎儿井的拱形门里望出去，可见旅馆的房间，台子上镶了木板权当阶梯。

夏天气温高达50℃，在房顶建起四面百叶的风塔，与坎儿井组合，一上一下，构成精妙的降温系统。由于上下温差大，屋顶微风徐来，风塔就会将室内热空气抽走，而地下坎儿井里的冷空气则被置换到室内。如此对流循环，窗外赤日炎炎，屋里凉风习习。

我突然记起，奥西斯宾馆屋顶有好几个风塔，院落低于地面，就像挖了个坑，西厢房墙根有百叶样装置，大概为风塔的终端吧？而卧室也有通风口，夜来嗡嗡作响。

亚兹德人将坎儿井和风塔运用到极致，可谓无处不在。这座商队旅馆院子中央就有坎儿井，几人跑进去，钻到井底纳凉。坎儿井的顶端与众不同，为1.8米高的六边形平台，猜猜有何妙用？先回答问题，谁人抬腿就能骑到骆驼背上？显然非常困难，将骆驼牵到这六角平台旁，利用侧面阶梯，问题是不是解决啦？看来，古代建筑设计也讲“以人为本”呢。

这家翻修过的商队旅馆和内沙布尔所见差不多，四周都是房间。角落有家地毯博物馆，里面甚至藏着千余年的宝贝。博物馆除了卖纪念品，还可以让游客自己尝试编织。工作人员说手工编织的地毯叫“Silu”，上面的“卐”“卍”符号是雅利安文化的标志。

马可·波罗描述：“商业茂盛，居民制作丝织物名曰亚兹迪（Yazdi），由商人运赴各地，贩卖谋利。”七百年弹指而过，不知这“亚兹迪”与“Silu”有什么关系？

院子里有纪念品店，东西还算便宜，几个中国游客争相购买。

隔壁是有三百年历史的老邮局（Chapar Khane）。门票5万里亚尔，姑娘们不愿进去，我被选为代表进去参观。四合院辟为邮政博物馆，前院房间陈列着历代的邮政产品，如邮票、钱币、印章，以及电报、电话等。中间是坎儿井，后院有马车和马匹模型。马槽做得别致，墙壁开铲形小窗口，与国内所见不同。其实，这就是古代中转接替的驿站，大门上写着“王道，雷伊至克尔曼”，显然是当年雷伊通向克尔曼的“波斯王道”上的中转站。

“波斯王道”是阿契美尼德时期所建的公路网，从爱琴海港口延伸到安纳托利亚（Anatolia）的萨尔迪斯，沿底格里斯河穿过美索不达米亚，到达苏萨，再到波斯波利斯和帕萨尔高德，穿过沙漠抵克尔曼。从萨尔迪斯到波斯波利

◇一日之计在于晨，哈兹勒清真寺里，阳光打在毛拉身上，他就像披着五彩羽衣的仙人。

斯全长2500多公里，商队花90天才能走完，沿途有旅馆，每隔四五十公里就有驿站，多达111个，主要用于信使中转衔接。

马可·波罗说：“若离此城远行，骑行平原亘七日，仅有三处可以住宿。时常经过美林，其中极易走马，亦易豢鹰猎取鹧鸪、鹌鹑及其他飞鸟。所以商人经行此地者行猎娱乐，其地亦有极美之野驴。”当时骑马到克尔曼需七天，可见行路之难，如今已看不到鹧鸪鹌鹑，更没有野驴。奇怪的是，他为什么多次提到野驴？

十字路口有萨法维时期的冰屋（Yakh Dan），里面像个大泥缸，半截深入地下，顶端有圆孔。光线从中通过，投射在冰屋里，如灯如炬，四周景物清晰可见。据说，冬季制成的冰块能储存到夏天。想来也是权贵富商专用，穷人只能躲在坎儿井里吧。

不远处还有座圆柱形的鸽子塔（Kabootar Khaneh），泥土和碎草混合砌成的黄色的泥墙很粗糙，为了防止蛇攀爬上去，中间用白漆涂了一条很宽的腰带。内壁坑坑洼洼，许多小洞，应该就是鸽子窝，可供4000只鸽子栖息，

◇谁能想到，这是座鸽子塔，泥土和碎草混合砌成的黄色的泥墙很粗糙，为了防止蛇攀爬上去，中间用白漆涂了一条很宽的腰带。内壁坑坑洼洼，许多小洞，这就是鸽子窝，可供 4000 只鸽子栖息。生而为鸽，应该投胎伊朗，免得小时就变成脆皮乳鸽。

现在尚有百余鸽子标本。据说梅博德曾有 3000 余鸽子塔，一座最多可养 2.5 万只鸽子。伊朗人不吃鸽肉，而是收集鸽粪做肥料。看来，生而为鸽，应该投胎伊朗，免得小时就变成脆皮乳鸽，作为餐馆促销的添头。

这副尊容，要不是做过攻略，我怀疑就是富人的藏酒窖。

# “善言、善思、善行”

在宇宙之初，有两种原始的力量，共生着，

它们是善和恶，存在于思想中、言语中、行为中。

让智者在两者间选择正义，

做好的，不做卑贱的。

——《波斯古经》

离开梅博德前往拜火教圣地“恰克恰克”（Chak Chak），这名字清脆悦耳，落地有声。公元637年，阿拉伯人击败波斯萨珊王朝，末代皇帝伊嗣俟三世（Yazdegird III）的二女儿尼克巴鲁（Nikbanuh）公主逃到这里，缺水断路，绝望之余，便将权杖砸向山岩。嘿，拜火教大神显灵，悬崖峭壁间“恰克、恰克”，有水滴落，甚至传言山崖同时裂开，公主逃过一劫。无论你信不信，反正我是信了，从此“恰克恰克”成为这里的地名。

官方名称为“Pir-e-Sabz”，位于亚兹德西北72公里处，一路尽是广阔的戈壁和沙漠，没有树木，毫无遮拦。远处的山峦如刀削斧刻，似火焰起伏，这寸草不生的荒蛮野地，怎一个“苦逼”了得？莫说颠沛流离的亡命女子，即便阿拉伯铁骑，恐怕亦得赶紧逃离。所以，这“恰克恰克”确也是神的旨意。

拜火教是俗称，正名为“琐罗亚斯德教”（Zoroastrianism）。通常认为琐罗亚斯德是历史人物，大约生活在公元前6世纪初，可能是乌鲁米耶（Urimiyeh）湖附近贵族家的祭司，身份与印度婆罗门（Brahma）差不多。20岁开始，背包十年，游历四方，坚信自己就是先知，是光明智慧之神阿胡拉·马兹达的使者，为世人传播神的启示。波斯民间传说，守护神和天光混合而诞生琐罗亚斯德，他远离人世，独居仙山。历经磨难创造拜火教后，在雷电声中归天。

圣地在悬崖间，栀子和佩兰望而却步，我和麦冬寻路而往。路面正在拓宽，工人们见有客来，远远招呼。虽然作业比较困难，但还是靠着山崖修建了几栋平顶房。每年 6 月 14 至 18 日，伊朗和邻国的拜火教徒都会来此朝圣。看来，扩建拓展势在必行。

最早的拜火教典籍毁于亚历山大东征，萨珊王朝时拜火教成为国教，有了自己的经典《阿维斯塔》（Avesta），也叫《波斯古经》，意为“知识、谕令”，包括诗歌、仪式、道德和神学论文。琐罗亚斯德本人的著作叫“伽塔什”（Gathas），多为对神的赞美诗。作为教主，琐罗亚斯德认为最高神阿胡拉·马兹达和邪恶之神安哥拉·曼纽（Angra Mainyu）间进行着长达 1.2 万年的战争，最终“善”战胜“恶”，“破坏性精神”永远消失。拜火教不倡导自虐苦行，也不主张过分享受，宣扬“三善”精神，即善思、善言、善行。

两位看守圣火的祭司年逾六十，看起来颇有气度。见我们靠在台阶上喘气，指着一排自来水管，示意可直接饮用。山泉清凉，饱饮几杯才觉得过瘾。门票 1 万里亚尔，老爹递过一把钥匙，让我们自行进去参观。

阿契美尼德时期，拜火教得到统治者的垂青。大流士在铭文里说，伟大的阿胡拉·马兹达使他成为世界之王，表示“君权神授”。随着帝国的扩张，拜火教迅速传遍中西亚，成为当时占统治地位的宗教。有朝廷做靠山，拜火教自然受到尊崇，庙宇遍地，看守圣火的祭司（Magis）们尽享荣耀。在波斯波利斯的浮雕里，祭司（Magis）就站在大流士的身后。“Magis”意为“有魔力的火焰”，英语“魔力”（Magic）即来源于此。

“恰克恰克”也没忘记曾经的辉煌，铜皮包裹着的门扇，上面雕饰阿契美尼德时期的武士，须发卷曲凝结，整个脑袋像榴梿。门口备有拖鞋，换上才能入内。里面是山洞，地面铺大理石，中间放 12 个铁盘的架子，顶端香烟缭绕。山岩间凿出一个拱形壁龛，里面镶嵌三盏油灯，小如黄豆。如果真的长明不熄，算来已近 14 个世纪。

波斯帝国独尊拜火教主神阿胡拉·马兹达，奉之为至高无上的造物主、救世主和保护神，将其形象镌刻在神庙、圣殿和碑铭中。据说 12 月 25 日就是这位光明之神的诞辰，这不是圣诞节吗？没错，该日原为拜火教的“光明节”，只不过阿胡拉先生没能成为大“V”，粉丝太少，所以被耶稣抢了风头。亚历山大的入侵使拜火教遭受打击，直到萨珊王朝将其尊为国教，才得以复苏。阿拉伯人接管波斯后，初时还能容忍拜火教的存在。8 世纪以后，宗教冲突尖锐，大批拜火教民改信伊斯兰。公元 916 年，部分有财力的教徒逃往印度。13 世纪中叶蒙古人的到来，使拜火教再次受到致命打击，再也没有恢复过来。

岩壁间放着琐罗亚斯德的简介和画像，这个络腮胡子的老者头顶悬浮着的就是拜火教最高神阿胡拉·马兹达，披发长须侧身而望，手持小圆环，腰围大圆环；两翼伸展，前善后恶，分三层，寓思、言、行。可是，他弯曲的双足细弱如患小儿麻痹，莫非是传说中的“鸟人”？非也，他是智慧光明的化身，也称“智慧老人”。

拜火教于南北朝时传入中国，史称祆 [xian] 教、火祆教；晋后五胡乱华，祆教被北魏王朝接受，首度进入中国统治阶层。北魏、北齐、北周的皇帝带头祭祀，隋唐的东京西京、南宋的汴梁镇江都有祆祠。“安史之乱”时，安禄山利用拜火教，自称“粟特人最高的光明之神的化身”。“禄山”波斯语意为“光明”，他以教主身份蛊惑人们奔向“光明之火”，将唐王朝搅得天翻地覆，一蹶不振。还有个说法，安禄山粟特语为“Aleksandr”，按今天的译法就是“亚历山大”。瞧，这世界多小，走哪儿都能扯上关系。

麦冬双手抱拳，对着壁龛里的三点圣火一本正经地说：“参见教主！”她真拿自己当小昭哪？我不禁想笑。

脱胎于拜火教的摩尼教（Manicheism）传至中国，是为“明教”。朱元璋原是此教中人，他建立明朝后却下令取缔。金庸笔下的明教中人行事乖张，难得我却追寻到这里，敢情当年逃难的公主就是“小昭”？

岩缝里仍然有水滴下，但不再“恰克恰克”，地上放着几个盆子，水落到里面，荡起层层涟漪。我走过去张嘴等待，但水滴却偏了位置，溅得满脸都是。

逃到印度的拜火教民最初来到一个叫“丢”（Diu）的岛屿上，19 年后才被允许在古吉拉特（Gujarat）居住，称“帕尔西人”（Parsis），至今遵循拜火教传统，坚持不与外族通婚。拜火教强调“最近亲结婚”，甚至阿契美尼德

◇左：琐罗亚斯德，此公背包十年，坚信自己就是先知，是光明智慧之神阿胡拉·马兹达的使者，为世人传播神的启示。
◇右：山洞地面铺大理石，中间放 12 个铁盘的架子，顶端香烟缭绕，岩壁三点长明灯。
◇下：拜火教至高无上的光明智慧之神阿胡拉·马兹达。

王朝的冈比西斯曾娶其姐妹。英国殖民者统治印度时，帕尔西人迅速进入工商业领域，被称为“印度的犹太人”，头面人物甚至进入英国议会。20世纪中叶，英资撤出印度，许多企业为帕尔西财团收购，垄断了印度商业领域。今天，帕尔西“塔塔”（Tatas）家族仍然控制着印度的重工业。讽刺的是，许多帕尔西财团的原始积累始于鸦片，顾主则是留着长辫子的中国人。

洞口敞开，扶栏远眺，只见群山叠嶂，土色连天，几乎没有生命的迹象。法国旅行家杜普雷（Dupre）说亚兹德有拜火教徒八千，“是为阿拉伯人侵略时弃其母国出亡在外的波斯遗民……今只存于波斯境内亚兹德、克尔曼两州，余者避往印度河或古吉拉特境内。其逃亡于外者富逸，与留存本国的教民之劳苦适成反比。”

波斯帝国长期占据两河流域，是两河文明的继承者和发扬者。拜火教的历史贯穿着古典波斯的荣辱兴衰，作为占统治地位的宗教在中近东地区活跃了1300多年，是古波斯文明的核心组成部分。拜火教首创末日、来世、复活、天堂、地狱、善恶等二元论概念，认为自然由火、水、土、风组成，对后来的犹太教、基督教和伊斯兰教影响深远。

目前世界各地的拜火教徒约有14万，其中9.2万在印度，而伊朗本土只有1.7万，北美地区有5000余。据说，近些年拜火教民们开始前往伊朗，踏上寻根问祖的旅程。

伊斯兰化是波斯人心中永远的痛。实际上，最高领袖霍梅尼和哈梅内伊是十二伊玛目嫡系，为阿拉伯人后裔。而波斯人从骨子里排斥阿拉伯人，尤其年青一代，崇尚西方生活方式。从某种意义上说，个体与国家休戚与共，皮之不存，毛将焉附？可是，现代伊朗四面楚歌。所以，伊朗人就在这样的矛盾和不安中徘徊。

# 爬上“摇晃塔”

辞别慈善家似的拜火教掌门人，乘车奔赴古村落哈拉纳克（Kharanaq）。村子在亚兹德北70公里外，历史超过千年，最古老的建筑跨越了40个世纪，曾是古丝绸之路上重要的驿站，鼎盛时期有2000余居民。随着丝绸之路的没落，居民逐渐搬离，直到30多年前最后一个乡民离世，古老的村落彻底废弃。

司机将车停在村口，带我们进去。村前有条水渠，清清浅浅，几个本地人在洗着什么；不远处有鸡鸭牛羊，悠然自得，一派田园风光。显然，附近尚有人住，甚至有间名为“Silk Road Kharanaq”的旅馆。这泥墙房子，参差错落，和我的故乡何其相似。只是我们村人少，居住分散，每户自成院落。

穿过仅容一人通行的巷道，司机说：“这个地方叫友谊关。”我问何故。“从前有两个人，彼此不投机。一天，冤家路窄，在此相遇，分外眼红，原想近身肉搏，结果被卡在这里动弹不得，哥俩无可奈何，以为是真主的旨意，只好相逢一笑泯恩仇。”不管你信不信，反正我是不信，总觉得这是司机编出来的段子。

村里有浴池，司机老哥说20年前还在使用，我大为惊讶。这意味着，伊朗以往的农村生活质量很高，相同环境，我的家乡至今没有公共浴池。北人不洗澡的坏习惯常为南人所诟病，可南方人哪里知道，在干旱少雨的西北偏远农村，水资源稀缺，根本没有洗澡的概念。我家里现在使用井水，洗澡仍然是件奢侈的事，只有开水加大盆。

房屋密集，多为三层结构，风塔、坎儿井、清真寺依稀可辨。司机说：“底层为穷人和牲畜，上层为富人。”中国也是，富人买高层，穷人买低层，因为每高一层就多一份钱。

但是，有些房间很新，似乎搬走不久；有些又很破败，坍塌严重。按照西北农村的维护方式，房子保存几千年不足为奇，每有破烂立即修补，因干旱少雨，自然坍塌的可能性极小。司机说：“每隔几年，主人都会抹一层泥巴，而且还要撒盐，盐可融雪，以防侵蚀墙壁，还能阻止植物穿墙破壁。”我们老家的泥墙根如果盐化，就得赶紧清除，填上新泥，否则盐化层就会渐次脱落，造成危墙。

这盐化层就是观音土。小时放羊，总有几只讨厌的家伙喜欢偷食观音土。奶奶告诫，千万不能让羊吃土，否则会得胃病直至死亡。据说，有些年月，人们以观音土为食。我尝过，咸燥苦涩，有股呛人的尿臊味儿。

建于17世纪的拜火教摇晃塔(Shaking Minaret)保存最为完好，司机说：“摇晃塔能预测天气，强风来时，塔身就会摇晃。”他边说边拉开门，让我们上去。通道仅容一人穿过，连转身都比较困难，让人窒息，我建议她们不要上来。几人哪里肯听？越艰难越攀登，最后四人都挤到顶上，这塔便真的摇晃起来，让人心惊肉跳，甚至不敢直起腰来。

塔身以泥砖砌成，分明就是炫耀建筑技艺，总不成真是为了娱乐吧？据说伊朗只有三个摇晃塔可以登临，此为其一。我遂决定，不再光顾伊斯法罕的摇晃塔。

废弃的房子参差寥落，似乎兵灾过后的伊甸园。村外几畦田地，黄绿错综，中间有座清真寺，圆顶与蓝天一色，旁边还有半截古桥。远方是光秃秃的褐色山峦，绵延起伏，没有半点绿意，那是生命的禁地。曾经的丝路驿站，如今人去楼空，只有这些已经破落的或者即将破落的黄泥房子，作为历史的记忆，等候我们这些匆匆的过客。

“这些泥房子背景非常适合拍人像。”三人兴奋起来，赶紧下去拍照。

回程绕到亚兹德南郊，荒漠里有两座火山口似的圆柱形建筑，还有储水、清洗、看守等配套设施，这就是拜火教徒举行天葬的“寂静塔”（Dakhmeh-ye Zartoshtiyun）。拜火教认为自然由火、水、土、风组成，这“四行”不能污染。人死后尸身很快会被“恶神”腐蚀而“不洁”，土葬或火葬会“污染圣洁的大地”，所以于远离村庄的山岭建造“寂静塔”。

◇丝绸古道上哈拉纳克村，曾经的丝路驿站，如今人去楼空，只有这些已经破落的或者即将破落的黄泥房子，作为历史的记忆，等候我们这些匆匆的过客。

遗体送到塔前，先举行宗教仪式，再由神职人员将尸体放在石板上，肉身被秃鹰和乌鸦吃净，骨头则扔到中间的圆坑里。圆坑下面为小孩，中间为妇女，上面是男子。当坑里堆满骨头，则另觅地方再建新塔。

这种丧葬仪式与中国藏区的“天葬”相若，而同属雅利安民族的印度教则实行火葬。我近距离观察过恒河（Ganges）之滨的火葬仪式，但印度教喜欢将骨灰倾倒在恒河里，让人颇为恒河不平。20 世纪 70 年代，随着城市化的发展，伊朗正式立法禁止“天葬”，拜火教徒改用混凝土包裹尸体后土葬。天葬被废止后，这些神秘的寂静塔对公众开放，成为旅游景点。

回到宾馆，已是晚餐时分，几人执意要去攻略中推荐的“Hammam-e Khan”餐馆。行人稀少，灯光昏暗，只有星期五清真寺在夜空里格外醒目，通体晶莹，如蓝色的水晶。穿过空荡荡巴扎，终于找到这家藏在深巷中的餐馆。

◇左：司机说："摇晃塔能预测天气，强风来时，塔身就会摇晃。"塔内的通道仅容一人通行，我们四人居然都爬到顶上，塔便摇晃起来。
◇右：亚兹德郊外沙漠里的寂静塔，拜火教的天葬台，教徒们在这里得到永生。

餐馆位于地下，由当年的公共浴池改造而成。伊朗人的浴池是利用坎儿井的经典建筑，有漂亮的穹顶和壁龛，中央为八角形的水池。从前，浴池是社交场所，与中国人常说的"洗桑拿"异曲同工。不过"洗桑拿"比较暧昧，通常含特殊服务。

偌大餐厅，居然只有我们几个人。服务员抱歉地说，今天周末，所以门可罗雀。饭食不必赘述，无非再次"烤爸爸"。

◇夜晚的星期五清真寺灯火通明，晶莹剔透，夜市散去，显得如此安静，大概真主已经睡了。

◇夜晚的星期五清真寺门前的夜市颇为热闹。

◇因为是周末，以传统浴池改成的餐馆里只有我们几个客人。没有食客的饭馆终究让人心里忐忑。

# 迷失在卡其色的巷子里

亚兹德以贝赫什迪（Beheshti）广场为界，东北属老城，西南是新城。老城有条适合徒步的路线，号称“迷失在亚兹德的徒步之旅”。一开始我就犯了纲领性错误，沿马路走，差点将大家带到新城。栀子看出端倪，拿过地图，几番打听，终于走出迷津。

起点为建于14世纪的阿米尔·恰赫马格（Amir Chakhmagh）清真寺。这座清真寺由三层重叠的拱门组成，正中两根高耸入云的宣礼塔，右边有巨大的心形木头架，如燃烧的火焰，据说为阿舒拉日活动时的道具。想起在马什哈德圣陵博物馆所见的插满羽毛和战刀的架子，应该与此物相辅相成。这架子并非阿舒拉日独有，德高望重的长者离世，葬礼仪式也能用到。

清真寺前是广场，用以纪念在阿舒拉日殉道的第三伊玛目侯赛因。广场上有喷泉，水中有组雕塑，题材为波斯老爹从皮囊里给途经沙漠之城的行人倒水。沙漠里的一滴水，何等金贵！所谓“滴水之恩，当涌泉相报”，是中国人的因果观念。对拜火教民来说，只不过是在履行善思、善言和善行。

对面为很不起眼的水博物馆，但门庭紧锁，还不到上班时间。沿伊玛目霍梅尼大街北行，经过哈兹罗清真寺和星期五清真寺，旁边为赛义德·罗纳丁（Seyyed Roknaddin）陵墓。非常漂亮的蓝色圆顶，也算是亚兹德老城的招牌建筑，据说里面日渐模糊的灰泥粉饰和装饰值得驻足，但没有开门，只好继续往前。

顺着泥巴墙根，虽然有歪歪扭扭的箭头指引，但还是完全迷失在巷子里，仿佛掉进谁人布下的土石阵。碉楼、木门、风塔、坎儿井、清真寺，走走停停，

◇走进这道拱形门，就是星期五清真寺的院落。早晨鲜有人来，安静得出奇。

来到很有历史感的梅赫（Mehr）酒店。原为富人住宅，典型的亚兹德传统民居，现改成客栈。院落低于地面，中间有水池，整体建筑就是坎儿井和风塔的组合。比奥西斯阔气，价格不菲，每晚 50 美元。梅赫是连锁店，另外一家更漂亮。

碰到海达尔扎德（Heidarzadeh）钱币博物馆，大家又推举我做代表。其实也是民居博物馆，里面除了钱币，还收藏了锅碗瓢盆和日用器具。我惊讶地发现，早期的亚兹德人将厨房建在地下，里面有碾子、磨盘、瓦缸、石杵及厨房用品，陈设远比我西北老家繁多。因为有功能强大的风塔，根本不用担心空气流通问题，旁边还有更深的地窖，用以储存食物。

晒干的泥砖是伊朗人最早的建筑材料，所以亚兹德是伊朗早期建筑的活化石。“卡其”（khak）色的老巷简单朴素，庄重神秘，时而狭窄时而弯曲。慢慢腾腾，懒懒散散，远离喧嚣，浑身舒泰。我说什么来着，“卡其”？这个词源自波斯，就是黏土混合麦秸筑成的泥墙根儿的颜色。我很想坐在下面晒太阳，不过亚兹德夏天酷热，如正午暴晒，恐怕真会成为“烤爸爸”。

穿过如童话般的泥墙根，来到可汗（Kohan）宾馆，陈设与梅赫差不多，均为传统的家庭客栈。天气有点热，便到地下“空调房间”稍息。

走着走着，就到了“亚历山大监狱”。这真是以讹传讹，本来是 15 世纪带圆顶的学校，据说“设拉子的夜莺”哈菲兹曾在此居住，当地人认为他当时的生活如在监狱，便称其为“亚历山大监狱”。其实，亚历山大有没有来过亚兹德都未可知。里面是四合院，中间摆着口奇怪的瓦缸，房间都辟作纪念品店。有家店门前放尊断臂的亚历山大石膏像以应景。

角落有个地道，走下台阶，豁然开朗。也是利用坎儿井建成的“空调房”，中间有八边形的水池，周围壁龛里放着桌凳。有说深井为亚历山大侵入波斯后所建的地牢——这也太舒服了吧。两个波斯姑娘坐在那边纳凉喝水，见我拍照，微笑着打招呼。栀子她们听见，跑下来合影留念。我装出色迷迷的样子望着女孩，让栀子赶紧拍照，赢来她好一通奚落。看她们的装束，头巾只不过就是个装饰，精心打理过的头发几乎全部暴露于外。她们也没闲着，对着我们也狂拍一通。后来我在纪念品店转悠的时候，女孩拍我的肩膀，躲在身后吓唬我。

参观完最后一家漂亮的梅赫酒店，终于走出迷城。回到宾馆，比纳姆已

◇左：三人行，必有我师焉。在亚兹德古老的巷子里晃悠，其实是四人，有个人在后面拍照。
◇右：据说，亚兹德已有七千岁。几个人在高大风塔下面走过，即使不迷失，也很容易怀古。
◇下：亚兹德街头，随处可见这种土黄色的带有圆顶的建筑。

◇亚兹德老城卡其色的老巷子，穿行其间，像进入童话世界，很容易迷失。请注意观察门把手。

经安排好了早餐。

比纳姆是克尔曼人，10 年前的地震，不仅摧毁了世界上最大的巴姆土结构建筑群，而且使他家乡也蒙受损失。他忙着收拾行李，说准备回家，邀请我们同去。按我的行程，如去克尔曼，从设拉子出发最合适。栀子几人对比纳姆比较迷恋，希望他晚一天走，比纳姆微笑着，居然答应。这么乖？怪不得讨女人喜欢，看来我得学着点儿。他说：“在家乡，男子不能带单独的陌生女孩回去。”我不禁失笑，幸灾乐祸。

他毕业于亚兹德大学建筑系。突然记得设拉子车站偶遇的大学生，说起来，他们是校友。可是，那同学留下的邮箱拼写错误，不论怎么发送，信息总是退回，最终失之交臂。我问亚兹德的房价，他写在纸上，5000 万里亚尔，约 1 万多人民币，新城应该不贵吧？我送他“江南烟雨”明信片，佩兰送他“中国结”。

然而，我们最终决定于此散伙。她们在亚兹德继续发呆，而我下午前往伊斯法罕（Esfahan）。

还有点时间，打车往城郊阿塔什卡德（Atashkadeh），其实就是拜火教圣祠，也叫火庙，始建于公元 470 年。庙宇很简单，一个水池，一片柏树，反正有火、水、土、风就够了。祠堂中上方有侧身前望的阿胡拉·马兹达，手中小圆环表示与上天的契约，相传戒指的含义由此而来。古波斯石雕最常见的题材就是阿胡拉·马兹达将圆环交给未来的国王，表示“天将降大任于斯人也”。

“阿塔什卡德”就是神庙橱窗后永不熄灭的圣火，已经燃烧了 1500 多年。对全世界为数不多的拜火教徒来说，这里是一生中必须要来一次的地方。除此，赞坚（Zanjan）郊外的世界文化遗产塔赫特·苏莱曼（Takht-e Soleyman）祭火坛，也是重要的拜火教圣地。

再回到水博物馆，无巧不成书，工作人员正欲关门，我赶紧拦住他们，总算没有错过。博物馆门檐低小，稍不留意就会被忽略。里面陈列着采集和使用地下水源的各种器材，以及挖掘坎儿井的历史和过程。随着城市的现代化，许多地下水渠已不再使用，甚至断流，而亚兹德却仍然依靠着这种古老的设施供水。

有关资料说，修建坎儿井的工人因长期在地下作业，身体受到严重损伤，

◇据说，这是亚历山大侵入波斯后所建的地牢，利用坎儿井打造成的空调房，对犯人也太好了吧？

以致平均寿命只有三十来岁。可见坎儿井就是人类挑战自然的杰作，背后充满了辛酸与坎坷。

午餐在丝路宾馆解决，要来两盘他们引以为豪的骆驼肉，纤维粗大，味如驴肉。最后，辞别比纳姆，和栀子她们相约在机场见。

开往伊斯法罕的巴士司机年过半百，这大叔让我见识了伊朗人的彪悍，他居然将如此大型的车辆开得飞快，左冲右突，超车拐弯，如入无人之境。终于问题来了，快到伊斯法罕时，有辆小车挡在前面，无论怎么鸣喇叭就是不让道，大叔气得直翘胡子。堵车了，又瘦又高的助手跑到前面，欲抓小车司机，眼看就要上演全武行，孰料路边突然冒出两三个年轻人，和这助手推搡起来。双拳难敌四手，大叔见势不妙，赶紧将助手拉到车上。

我百思不得其解，路边的年轻人肯定不是小车司机叫来的帮手，但为什么会助拳？难道路见不平？如是，倒真有侠士风骨。

◇上：亚兹德，我们的徒步终点就是亚历山大监狱，黄色的泥砖建筑如童话般。
◇左：钱币博物馆，贴着彩色玻璃的细格子窗让人着迷。
◇右：这只长得像鹿的罐子是不是很有个性？

◇风情多少成追忆，未解回眸那一颦。亚历山大监狱的坎儿井里纳凉的波斯美女，我在纪念品店转悠的时候，她躲在身后吓唬我。

# *Esfahan* 伊斯法罕

我问她们：“几时学会的化妆啊？”姑娘们哈哈大笑，相互打闹起来，有位扮个鬼脸，指着同伴说：“她，三岁！”我不由得乐翻，敢情她真的三岁就开始化妆了。

# “伊斯法罕半天下”

做人就像是一家客栈，
每个早晨，都是一位新来的客人。
喜悦、沮丧、卑鄙，
一瞬的觉悟来临，
就像一个意外的访客。
欢迎和招待每一位客人！
即使他们是一群悲伤之徒。
……

——鲁米《客栈》

当地人说“伊斯法罕尼斯夫贾汗”（Esfahan Nesf-e Jahan），也就是“伊斯法罕半天下”，源于16世纪法国诗人雷尼尔（Renier）对这座城市的溢美之词。

我所下榻的俾路斯（Piroozy）酒店离伊玛目广场不远，沿查尔·巴格（Chahar Bagh）林荫道南行至侯赛因广场，在伊斯法罕邮电局旁边左转前行即可。这条漂亮的路正在施工，导致附近宾馆比较便宜，街头除了《古兰经》语录，还有颇具民族风的壁画，譬如这射龙的壮士，好像我国很多地方的传说。伊朗的龙如“四不像”，龙头鹿颈，牛身马尾。画里的龙四足腾空，回头正欲行凶，却正好迎着壮士已然拉开的弓箭。

伊斯法罕是伊朗第三大城市，与沙漠里的风塔之城明显不同，高树垂阴，绿意盎然。穿过一段林荫路，就到了伊玛目广场。伊朗人说这广场是“Naqsh-e Jahan”，即“世界的典范”，面积达 8 万平方米，周围是双层拱形连体边楼，上层看台，下层商铺。中间有喷泉和草坪，四面是修剪成窝窝头样的侧柏树。据说为仅次于北京天安门广场的世界第二大城市广场。

果然名不虚传，广场南边为伊玛目清真寺，东边有谢赫·卢特夫劳（Sheikh Lotfollah）清真寺，西边是阿里·卡普宫，北边是巴扎入口（Qeysarieh Portal）。为了照顾整体布局，巴扎入口亦建作清真寺的样子。

广场始建于 1612 年萨法维王朝时期，为阅兵和举行各种庆典仪式的场所。从路边的壁画可见，这里曾经常举办马球比赛。以前叫“国王广场”，伊斯兰革命后改称“伊玛目广场”，1979 年被联合国教科文组织列为世界文化遗产。

“伊斯法罕”源自波斯语“斯帕罕”（Spahan），意为“军队”，可见这里曾是部队集结地，早在波斯帝国发端之际已初现城池。公元 11 世纪，塞尔柱定都伊斯法罕，将这里建成帝国的政治经济文化中心；1387 年，伊斯法罕遭帖木儿屠城，7 万居民被杀，头颅堆积如山；16 世纪末，阿巴斯将国都从加兹温迁到伊斯法罕，古城再次繁荣。

伊斯法罕是古丝绸之路上的枢纽。阿巴斯时期，城郭富庶，商旅云集，贸易发达。又因农业发达，号称“皇家仓廪”。《伊斯兰在波斯》这样描绘：“全城有 60 万居民，162 座清真寺，48 所神学院，182 家商队客栈和 173 个公共浴池。路人服饰华丽，市场繁荣，精美的帐篷一个挨着一个，货铺上排列着精美的工艺品。”所谓“伊斯法罕半天下”，倒也不是浪得虚名。

旭日初升，阳光闲散地打在草地上，一队警察从喷泉边走过，惊起几只乌鸦，低回盘旋，然后又倏地钻进树丛里。谁说天下乌鸦一般黑？伊斯法罕的乌鸦甚至颠覆了我的世界观，它们怎么能长成这样？颈腹背为灰色，脑袋翅膀为黑色。我在西北见过“白脖项鸦儿”，只有后颈项是白色。我奶奶说，从前有个懒人，家人将烙好的锅盔戴在他脖子上，结果还是被饿死。因为他懒得转头，只吃掉嘴边够得着的锅盔。这懒死的家伙后来变成了白脖项鸦儿，带着未曾吃完的锅盔整日在土里觅食。

无论如何，伊朗的乌鸦并不讨厌。此物喜欢食肉，街头巷尾的生腐腥膻是它们的美味，也算城市的有功之臣。没有攻击性的肉食动物，只能在城市

◇伊玛目广场，南边的伊玛目清真寺，号称世界上最漂亮的清真寺。

里混吃混喝，野性的江湖岂能容它们横行？

清真寺门关着，巴扎也没有营业，石凳上有几个早起的年轻人正在看书。伊朗就是这样，严格遵照自己的时间，等到他们干活，太阳已经像个火球，哪里还有什么光影可言？对我这般喜欢拍两张照片的人来说，实在要骂上几遍才解恨。不像印度，许多景点按日出日落营业，能让游客看到最美丽的瞬间。

广场上有几驾老式马车，漂亮的波斯马摇头晃脑，不时打个响鼻。此际没有游人，它们也姑且享受难得的清静。天下名马莫过于阿拉伯马和汗血宝马，而这两种马就出生在波斯南边和北边，所谓“近朱者赤”，波斯马自然也是贵族。马可·波罗说：“在此波斯国中，颇有不少良马，中有运赴印度贩卖者。盖其马价值甚贵，一马约值‘秃儿城的里物’（Livres-Tournois）二百枚。”可见当时波斯马价值不菲。“秃儿城的里物”大概是当时呼罗珊的货币单位。

实际上，古波斯以良马著称。16 世纪的葡萄牙探险家沙儿丹（Antonio de

◇一位毛拉从对面走来，请注意，他的头缠为黑色，表明他是圣裔，即阿里的直系亲属。

Saldanha）云：“是为东方最良之马，头小腿细，温和耐劳，阿拉伯马较轻捷，尤为波斯所重。……波斯人亦有鞑靼马匹不少，鞑靼马较低，粗陋，然更耐劳，善奔驰。波斯马价甚贵，良马价值两千至三千法郎（Francs）。”鞑靼马就是蒙古马，虽然不如波斯马那样风情，但这个马背上的民族曾经征服了大半个世界，统治中国近百年。

这些俯首帖耳的家伙不是千里马，就算曾经是，也会被车辕消磨平庸。

三个小女孩坐在水池前，正在看喷泉，后面拍到的照片一团黑。我转到前面，问能否拍照，女孩们高兴地答应，随即摆好姿势。她们是中学生，为什么大清早有时间在这里闲坐？一个女孩比画着说，上学时间从 8 点到 13 点，下午没课；第二个星期则从 13 点到 17 点。如果这星期上午上课，下星期就下午上课，轮流着来，晚上没课。

我也连比带画地告诉她们，中国的学生每天都要上十几个小时的课，还

◇上：伊玛目广场前的喷泉边上闲坐的伊朗女生。相对于中国，她们的学习任务不算繁重。
◇下：伊朗的冰淇淋十分美味，一路上真没少吃。几个中学女生来到伊玛目广场，被她们的青春气息感染，差点忘了我的早餐。

◇谢赫·卢特夫劳清真寺，黄、蓝马赛克瓷砖装饰的圆顶，看起来薄如蛋壳，吹弹可破，这种不真实的感觉源于色彩的搭配。

有晚自习，她们惊讶地瞪大了眼睛。女孩头戴黑色纱巾，身穿藏青短风衣，这种校服显得姑娘们格外纯真美丽。伊朗基础教育时期男女分开，大学后才混合，也许能防止早恋吧？伊斯兰不允许未婚男女单独相处，如在公众场合举止亲密，会被风俗警察处罚。

又蹿出来几个“小萝莉”，明眸皓齿，略施粉黛。我问：“什么时候学会的化妆啊？”小姑娘哈哈大笑，相互打闹起来，有位扮个鬼脸，指着同伴说：“她，三岁！”我不由得乐翻，敢情她真的三岁就开始化妆了？这姑娘一听，举起粉拳作势欲打，那位嬉皮笑脸，赶紧跑开。

先知啊，你应该对你的妻子、你的女儿和信士们的妇女说：“她们应该用外衣蒙着自己的身体，这样最容易使人认识她们，而且不受侵犯，真主是至赦的，是至慈的。”

——《古兰经》第 33 章

# “世界上最漂亮的清真寺”

被朝气蓬勃的青春气息感染，差点耽误了酒店里提供的早餐。

再次光顾，巴扎开始营业，清真寺里也传来了祈祷声。广场门口有家细密画店，老板叫侯赛因，经营祖传的营生，在游客中小有名气。其实，波斯细密画随处可见，精用矿物颜料，以黄金、珍珠、绿松石磨粉使用。最初用于书籍装帧，插图往往与书法结合，后来才演变为张贴画和壁画。塞尔柱人和蒙古人统治时期，将中国的宋元工笔画技法带到波斯，因此，细密画里还流淌着中国的血液。

我是外行，说不出好在哪儿。对于侯赛因的推荐，只得表示抱歉。

伊斯法罕是伊朗细密画的中心，出了许多细密画大师。当代最负盛名的法尔希奇扬（Ostad Mahmoud Farshchian）曾将部分作品捐给国家，德黑兰的萨德·阿巴德（Sa’d Abad）王宫辟有专门展室。巴扎里有动辄上万美元的画儿，也不完全是黑店，说不准你正好碰到了大师级的作品。细密画传到印度，形成印度细密画，与波斯画风略有不同。

不仅细密画，伊斯法罕还盛产铜雕。譬如灯具、盘子、烟壶和各种艺术品、神话人物、花鸟虫鱼及阿契美尼德武士。相对于别的材质，铜雕更具质感，即使新玩意儿，掂在手中也如古董般厚重，敢情这铜本就是历史的元素？制作工具很简单，几把铁锤和各种型号的尖头凿针，叮叮当当，响声不绝。师傅们多聪明绝“顶”，脑门油光发亮，专心致志，即使对着我的镜头，亦丝毫不为所动。还有年轻漂亮的女师傅，一丝不苟，难得她能耐得住寂寞，成日与这些生硬的事物打交道。

◇伊玛目清真寺的正门，为使圆顶朝向麦加而且不妨碍广场，清真寺整体向东偏移45度。遂了阿巴斯大帝的愿，只好委屈真主挪位置。

铜胎做好，有些还要打釉，再描绘各种图案，制成瓶、盘、壶、杯等物件，工艺可谓复杂。成品如中国“景泰蓝”，且多为纯净的蓝色，就像清真寺圆顶，简直是天国的色彩。

这也罢了，且看波斯人的水烟壶，分明就是艺术品嘛。一具精美的水烟壶融合了波斯铜雕和细密画，由烟瓶、烟壶、烟盘、烟碗、烟嘴和细软的烟管组成，功夫尽在烟瓶和烟壶上。有人形容水烟壶是“舞蹈的公主和蛇”，对伊朗人而言，抽水烟是他们传统生活的一部分，街头巷尾的水烟馆就是娱乐和社交场所。文人笔下的水烟颇有灵性：“腾云驾雾间，水迷烟醉中，经典的时光恍若倒流，回到了遥远的过去。”

在老家，只有二叔喜欢抽水烟，但烟具的模样与波斯水烟壶相去甚远。方形的铜烟瓶连着一短一长两截细管，短管烟丝，长管烟嘴，瓶里有水，可过滤烟丝中的有害物质。小时候趴在二叔跟前，听水烟瓶里呼噜呼噜的声音，很温暖，很惬意。

这里还有银雕、木雕、石雕等许多新鲜玩意儿。伊玛目广场周围的铺面既是作坊，也是商店。就算不买东西，店主也非常欢迎，甚至会奉上红茶。

眼花缭乱中，来到谢赫 · 卢特夫劳清真寺。这座清真寺始建于 1602 年，耗费 18 年才竣工，在中国恐怕会成为烂尾楼吧。谢赫 · 卢特夫劳是阿巴斯的老丈人，来自黎巴嫩穆斯林世家，是十二伊玛目派著名学者，阿巴斯曾聘他到刚建好的清真寺讲经。他于 1622 年辞世，阿巴斯遂将清真寺改名为谢赫 · 卢特夫劳，以纪念这位什叶派学者兼泰山大人。

谢赫 · 卢特夫劳清真寺没有宣礼塔，说明纯属私人建筑。黄、蓝马赛克瓷砖装饰的圆顶，用 170 厘米厚的砖墙支撑，看起来薄如蛋壳，吹弹可破，这种不真实的感觉源于色彩的搭配。正门和圆顶略有偏移，祈祷大厅内部以天蓝、深红和橙黄为基调，自下而上由深蓝渐变为橙黄，墙壁镶有《古兰经》文和先知语录。据说原称妇女清真寺，为王室女眷专用，有地道通向阿里 · 卡普宫。

南边是“世界上最漂亮”的伊玛目清真寺，于 1611 年开始建造。阿巴斯嫌谢赫 · 卢特夫劳清真寺不够气派，决定再修一座有王者风范的清真寺。因担心他在世时不能完工，督促工匠日夜加班，即使这样，他去世那年只建好

◇左：波斯细密画最初是小型插图，用于装帧，后来才演变为张贴画和壁画。名家的画作动辄上万美元。
◇右：铜雕大师，多“聪明绝顶”工具简单，神情专注。

◇漂亮的女铜雕师，她是多么专注啊！面对我拍照，她头也不抬，大概早已习惯了游人好奇的目光。

穹顶。好在继任者没有让工程烂尾，历时 26 年 —— 也有说 54 年完工。

壁龛式的大门高达 30 米，贴满彩色马赛克瓷砖，镶嵌书法家以“波斯新娘”纳斯塔利格（Nastaliq）草书体撰写的诗文，两侧有 42 米高的宣礼塔。里面是夹层，即清真寺正门，为使圆顶朝向麦加而且不妨碍广场，清真寺整体向东偏移 45 度。归根结底还是遂了阿巴斯大帝的愿，只好委屈真主挪位置。

门边有工作人员查验门票，据说里面的脚石还能计时。内部四合院，不知道维修还是要举行什么活动，搭起来的顶篷挡住了视线。中央水池，四面“伊旺”（Iwan）。“伊旺”是清真寺建筑特点，即正面拱形尖顶的凹龛，凹龛底为门洞，看起来就像门套门。11 世纪后，中亚和伊朗的纪念性建筑强调正面，才形成这种建筑风。伊旺镶嵌的图案精美华丽，繁复得让人理不出头绪。

主厅坐西南而朝东北，有对 48 米高的宣礼塔，巨大的圆顶内高 38 米，外高 53 米，层距为伊斯法罕最高。圆顶和宣礼塔复杂的几何图案以土耳其蓝色瓷砖镶嵌而成。可惜圆顶正在修缮中，四面围着铁架子。正对拱顶的地面有黑色石块拼成的标记，这就是“回音石”。因穹顶有七级回音功效，站在下面拍手或者喊叫，能听到循环往复的回音。几个孩子跑过来，双手放在嘴边合成喇叭，大喊“Inshallah”，回声四起，深长悠远。我也跑过去拍手跺脚，发现离拱顶中心越远，回音越弱。

外墙有霍梅尼领导人民闹革命的涂鸦，想来这里不仅是真主的居所，还是伊斯兰革命的圣地。东南和西北曾为传授神学的教室，西北面的讲堂有土黄色的拱顶。据说整座建筑用去 1.8 万块砖，超过 47 万颗铆钉，门、厅、廊、穹均为同类建筑的范例。深蓝的清真寺与土黄的城市形成鲜明对照，分明就是一幅西亚风情的画卷。

阿里 · 卡普（Ali Qapu）宫是阿巴斯的皇宫，意为“壮丽的门”。“阿里”是什叶派第一伊玛目，本意为“壮丽”。皇宫六层 48 米高，正面看像城门楼子，第三层伸展出来成为阳台，有 18 根柱子支撑的顶篷，供国王及宾客阅兵和观看庆典活动。宫殿也在维修期，搭满架子，我甚至懒得拍照，更不用说进去参观了。据说各层均有壁画和彩釉瓷画，顶层是音乐厅，墙壁有花瓶状凹雕，起共鸣作用。

一个法国旅行者惊叹：“是所有首都中最大的宫殿。”萨法维中期国富民强，国王又喜欢建筑，鼓励国人大举建设，各种宗教建筑用“七色砖”镶嵌装饰，极尽华美壮观。我觉得，当时伊朗的旅游业也许比现在更为发达。

不知道广场修建期间，阿巴斯在哪儿办公休息，工地边上？他也不怕吵得慌。

# “中兴时期”的四十柱宫

公元 1499 年，一个名叫伊斯梅尔（Isma'il）的 12 岁男孩，离开他藏身 5 年的吉兰（Gilan）沼泽，以避开敌人的搜捕。两年后，此子率兵进入大不里士，自称“沙”（Shah），同时宣布十二伊玛目派为国教。“沙”是国王的头衔，显然，他成了新王朝的统治者，因其祖先萨非·丁（Safi al-Din）是大不里士东部阿达比尔（（Ardabil））一个苏菲修道院的领导人，他所创建的国家就叫萨法维。

穿过巴扎往西，有座花园，许多伊朗人拖家带口在草地上大快朵颐。我才记起，今天是儿童节，不由得苦笑。这个节日早就成了回忆，忘却原也可恕。伊朗人热情邀请我共进午餐，此际没有食欲，谢过他们，寻路往四十柱宫（Chehel Sotun）。

说起来，这萨法维家族也是土库曼人，他们所宣扬的什叶派教义引起逊尼派奥斯曼人的警觉和痛恨。查尔迪兰（Chaldiran）平原战役，使用火器的奥斯曼人击败伊斯梅尔的“红帽军”骑兵，萨法维丢掉了首都大不里士，帝国遭到破坏。还好元气尚存，此后近两个世纪，奥斯曼和萨法维冲突不断，直到阿巴斯横空出世。

所谓“壮丽的门”，其实也是皇室区域的入口，附近有阿巴斯皇家银行和皇家酒店。想起昨晚初到伊斯法罕，出租车司机将我拉到阿米尔·卡比尔（Amir Kbir）客栈，我见条件简陋，一股霉味，便让他载我去阿巴斯酒店。那家伙居然又想要 5 万里亚尔，一时赌气，徒步前行，半路碰到俾路斯酒店住了下来。

阿巴斯生逢乱世，当时的萨法维与奥斯曼打了十余年，阿塞拜疆又爆发叛乱，乌兹别克人也趁机入侵呼罗珊。他继位后，“攘外必先安内”，采取诸

◇美女与野兽，水池边的喷水装置，三名少女抬着三个狮子头。

多措施削弱独霸一方的割据势力，遏制逊尼派力量，于1598年将首都从加兹温迁到伊斯法罕。在奥斯曼帝国风头正劲时，他甚至不惜屈膝割让领土。

四十柱宫在国王花园中，为阿巴斯所建，是当时国王广场的附属建筑。宫殿建于1647年，是阿巴斯二世的手笔。门票15万里亚尔，售票员问我来自哪里，我说伊朗，他摇头表示不信。“好吧，我来自中国，可是您看这门票，伊朗人才2万啊。”他还是摇头。

经过一系列改革和整治，帝国内部渐趋稳定。阿巴斯于1603年向奥斯曼开战，收复所有失地，最终逼迫奥斯曼签订和约。他当政42年，将伊朗西北大部、高加索和美索不达米亚、阿富汗西部都纳入帝国版图。王朝全面复兴，波斯重振雄风，再现帝国辉煌。这段闪光的日子，可谓伊朗的“中兴时期”。所以，伊朗人将居鲁士、大流士和阿巴斯尊为古代三大雄王，而在伊斯兰教发展史上，他则与苏莱曼（Sulayman）、阿克巴（Akbar）齐名。

宫殿前面有110米长的水池，四周有喷泉和石雕。因宫殿三面开放，前面巨大门廊由20根悬铃木柱支撑。亭台楼阁入池塘，这宫殿与水中倒影无缝对接，赫然有40根柱子，“四十柱”即由此而来。可是，如此炽烈的阳光直射下来，水色也未见清冽，这“四十柱”从何说起？

萨法维王朝将什叶派定为国教，不仅是伊斯兰教的转折点，也是伊朗历史的里程碑。为了巩固统治，阿巴斯大力扶植什叶派，将自己的私人财产全部捐献，而且徒步近一个月到马什哈德朝拜第八伊玛目礼萨的圣陵。这个壮举最让我佩服，不知算不算伊朗徒步旅行者的先驱？

水池四角的雕塑是“美女与野兽”，三个少女朱唇圆张，似乎正欲“嘘嘘”，双手托着三头狮子的脑袋。门廊中央的四根木柱间也有大理石水池，柱脚周围的石狮嘴里本来可以喷水，现在石狮虽然张嘴似有所待，但没有喷水。

作为离宫，这里专事接待外国使节，现辟为博物馆，陈列当年的器皿、古币、书法等皇室用品。大殿由主厅、北厅、南厅和门前的镜厅等房间组成，天花板有镀金图案的壁画。最为珍贵的是反映皇室生活、宴饮娱乐和杀伐征战的壁画。还有幅男子偷看裸女洗澡的风情艳画，实在是宗教王国里的奇葩，令人解颐。

最让我惊讶的是，印度莫卧儿第二代君王胡马雍（Humayun）被阿富汗

◇从四十柱宫的柱子丛中看花园的大门。从这个角度拍摄，别有意趣。

人击败后逃到伊朗，向太美斯普一世（Tahmasp Ⅰ）求救的场景。我曾拜访过他的故都新德里，以及他失足坠地的旧堡八角亭，不料在此相遇。所谓“落花时节又逢君”，不免让人感慨一番。胡马雍在伊朗待了十年，终于借兵复国，重返印度。

阿富汗是“帝国坟场”，历史上没有什么建树，但偶尔也会霸气外露。太美斯普一世帮助胡马雍重返印度，种下恶果。阿巴斯死后，萨法维逐渐衰微，公元 1722 年，阿富汗 2 万铁骑包围伊斯法罕，城内 8 万多人饿死，国王侯赛因率臣民投降。至此，延续 235 年的萨法维王朝覆灭，伊斯法罕也不再繁华，直到巴列维时期才得以重建。

这种外设廊柱、内附壁画的宫室建筑，最早见于阿契美尼德，如波斯波利斯的百柱宫。其实，四十柱宫既不雄伟也不壮丽，放到中国，充其量是地主家的堂屋。阿巴斯及其继承者将战争中抢来的财富多用于修建清真寺，宣扬什叶派教义，最终把伊朗打造成以什叶派为国教的伊斯兰国家。这座宫室，说明他励精图治，是难得的好国君。

我问门口甜甜的小妹：“什么时候水池里有倒影啊？”答：“日出后和日落前。”再问：“明天早上我还能不能进来？”她做不了主，跑去找售票员，回复“没有问题”。

# 与毛拉探讨宗教话题

其实，伊玛目广场周边保存了从公元11世纪到19世纪的各式伊斯兰建筑，我的攻略里有条徒步线路，沿着巴扎行进，就可以走遍“半个天下”。我以为，最上乘的旅行就是走路，可以最直观地了解城市，能碰到许多有不可预知的事情。趁着脚力尚好，尽可能地享受这种旅行方式。

沿着伊玛目广场西边北行，经过俄罗斯领事馆，有座伊斯法罕最古老的哈基姆（Hakim）清真寺。这是早期的伊斯兰建筑，朴素的泥砖围墙和拱门，圆顶也为原始的自然色。真是见鬼，正门也在维修，绕到北面才得以进入。门口有说明，始建于11世纪中叶。和别的清真寺相同，对称的四合院搭满铁架子，没有宣礼塔，顶上有个方形小亭，简朴的祈祷厅里铺着地毯，一个老人坐在门口看着我。

出门碰到机票代理点。原计划从伊斯法罕去苏萨，但昨晚车站说没有VIP票，只有普通巴士，需12小时。便临时改变行程，放弃苏萨，想直飞大不里士。看到机票代理点，稀里糊涂买了票，结果闹出天大的笑话，稍后叙及。

循路往东，就是“暴躁哥”巴扎（Bazaar-e Bozorg）的入口。向警察问路，这家伙手中拿着红色的冰棍吃得正香，看他憨态可掬，便想拍照。他赶紧整理警容，结果手里还是拿着冰棍。这么热的天气，难为他还穿着高帮靴子，然后又以冰棍降温。

巴扎不仅是市场，而且是街道。世界十大巴扎，伊斯法罕长达8公里的巴扎位列第三，泥砖编成的拱顶有太阳月亮形状的圆孔。但要说货品的精致，还是要数伊玛目广场周围的店铺，虽然这里也有金银珠玉，但更多的是来自

◇徒步伊斯法罕，一位披着长袍的毛拉在树荫下走过。

◇上：星期五清真寺号称伊朗最大的清真寺，有个旅行团进来参观，他们不介意戴绿帽子。
◇下：星期五清真寺，看门老爹正对一个小孩儿讲着什么。院子里有几只奇特的木斗，内装圣石。

中国的日用品。

我看到什么了？女人内衣店，犹抱琵琶半遮面。有个黑衣女子从店里出来，帘子揭起来的瞬间，被我瞄到了里面的内容。在这个保守的国度，内衣店比较羞涩，拒绝男子入内，但店员好像是小伙子。以前听说禁止男性销售女人内衣，现在看来也管不住啦。没什么奇怪，尚不如那排穿着“布尔加”的模特有趣。有个男模，脑袋用绳子拴在门柱上，好像正在受刑。

两个穿着黑色长袍的毛拉（Mawla）从一个拱门里出来，便进去参观。原来这是查哈尔·巴格（Madraseh-ye Chahar Bagh）经学院，虽然地处巴扎，但环境清幽，可谓闹中取静。学生们正在看书，见有外国人闯入，有些拘谨，赶紧起身致意。我连忙退出来，跟屋檐下闲坐的毛拉搭讪。他戴很厚的白头缠，外面黑披风，里面灰长袍，层层叠叠，看得让人冒汗。

我带了可以拆卸的速干衣，原想天气热时，可以当短裤穿。但来到伊朗，男士们都衣冠楚楚，一副绅士模样，根本没有短衣帮，只好入乡随俗。听说地铁、清真寺等公众场合，短衣帮会被驱逐。

毛拉问我有什么信仰，我说道教。他似乎不了解，问我对伊斯兰有什么看法。我连比带画：“我不太了解伊斯兰，但知道不同派别的穆斯林相互仇杀，为什么呢？”毛拉说：“那是他们愚蠢，没有理解圣训。”他问中国的宗教情况，我说：“中国的宗教比较多元，但许多中国人信仰缺失。”他睁大眼睛，大概觉得有些不可思议，我进一步解释：“就像我，其实更信共产主义。”他应该听懂了，摇头微笑：“哦，共产党是无神论者？”“是的，我觉得每个人、每个国家都有选择自己信仰的权利。”他点头称是。

我突然记起一句金玉良言：“身为贵绅亦应避免与人讨论最不合时宜的宗教话题，以免引起不必要麻烦。”便将其余问题和着口水吞下，问他能不能拍照，毛拉欣然答允。

巴扎的尽头是星期五清真寺，始建于塞尔柱时期，至少有1300年历史。经过四次扩建，留下不同朝代的印记，当地人炫耀似的说“是伊斯兰世界最大、最神秘的清真寺”。伊朗有8万余座清真寺，这座是否最大，尚未可知。规模虽巨，装饰却简单，很有历史感。

穿过泥砖砌成的走廊，门口值班的老头儿，正在敦促几个妇女更换长袍。

◇上：伊斯法罕大巴扎，这里远离伊玛目广场，店铺里多为实用的居家物品。
◇下：伊斯法罕大巴扎里出售“布尔加”的店铺，蛮有意趣。

清真寺面积达 2.2 万平方米，四合院里的平台略高于地面，中央是净身喷泉，东南西北有四个“伊旺”，分别凝结着四个时期的建筑历史。外墙可见用阿拉伯文撰写的“安拉”“阿里”，以及清晰的“卐”“卍”符，是古波斯元素融入伊斯兰建筑的经典作品。

南面主祈祷厅为典型的阿拉伯风格，前有 12 花瓣形的水池，大门及穹顶以用蓝色釉砖装成几何花卉图案，穹顶底部环绕阿拉伯文《古兰经》箴言，甚至还有土耳其风格的浮雕。有个人四仰八叉地躺在大厅里酣睡，也不怕呼噜声惊扰了真主。

东西两面为主教祈祷厅，尤其西边的伊旺，灰头土脸，显得很无辜。这就是蒙古风格，简单到只有泥砖。北面礼拜厅以前为学生祈祷专用，以少量彩釉装修，是塞尔柱风格。

几只乌鸦在空旷的院子里盘旋，偶尔落到地面，抬头四顾，见有人来，旋即倏尔飞去。一个旅游团入内，想必来自中东某国。讲解员叽里呱啦，不知什么语言，想蹭听也不得。

旁边有鸟市，原以为莺歌燕舞，结果是充斥着鸡屎味儿的交易市场。不远处有座高塔，便又钻到巴扎里，寻路而往。伊朗的天气如中国西部，户外虽然暴晒，但躲到阴凉里，却还宜人。

附近正在拆迁，仿佛震后的废墟，一片狼藉。好不容易来到高塔前，原来是座纪念阿里的清真寺，始建于 1522 年。高塔 48 米，高耸入云，为报告祈祷时刻专用。周围虽然乱七八糟，院子倒也宁静。我脱掉鞋子，进入祈祷厅。一位毛拉正在讲课，几个工人模样的信徒围在旁边聆听。

我坐在后面聊以休息。有人端着盘子，发放红茶和糖果，我也得到一份。这位老哥看到我“牛饮”的样子，又递过一杯，身边几人将他们自己的那份也端给我，倒让我觉得不好意思。鄙人何德何能，伊朗人竟对我如此厚爱？毛拉注意到我，点头致意。伊斯兰的经学课其实不像“黑袍子”那样天然的生硬死板，也会因材施教。譬如这位毛拉，语调抑扬顿挫，极富感染力。虽然听不懂具体内容，但从信徒们不时爆发出来的笑声判断，想必妙趣横生。

令人惊讶的是，这帮“泥腿子”们居然都能说上几句英语，纷纷转头和我打招呼。休息会儿，渐觉气力恢复，辞别众人出门。

◇上：阿里清真寺，一位毛拉正在讲课，几个工人模样的信徒围在旁边聆听。
◇右：与经学院毛拉探讨宗教问题。善思、善言、善行，什叶派伊斯兰教继承了拜火教的传统。

斜对面为建于16世纪的哈伦（Harun Vilayet）圣陵，土色的泥砖墙，天蓝色圆顶，颇像亚兹德的建筑风格。哈伦是第十或十一伊玛目的儿子，和别处一样，灵柩用金银焊成的栅栏围起来，墙壁绘有细密画，几个信徒正在磕头礼拜。什叶派穆斯林崇尚血统，信仰十二伊玛目，他们的后人皆为圣裔，是以其陵墓也是什叶派信徒的朝圣地。而逊尼派除了"真主至大"，似乎没有崇拜其他偶像的习惯。

一个工人带我返回巴扎，拐弯处还有座萨迪尔经学院（Madraseh-ye Sadr），古老的拱门前有只瓦缸，不知是何来历？这里更像祠堂，厅里铺地毯，中间有个泛着绿光的小门，有人站在前面祈祷。从拱顶来看，似乎没有完成，因为一半装饰了花纹，另一半空白，难道留一半清醒留一半醉？

徒步两个多小时，终于又回到伊玛目广场。我觉得，这广场之所以名闻天下，多半因了周边完善的生活配套设施和商业文化氛围。

# “我的灵魂是一只蝴蝶”

我的灵魂是一只蝴蝶，
在希望的大海上
飞上又飞下。
我的灵魂是一个负担，
没有母亲，没有恋人，
喘息在轻轻的
爱的和风里。

——柯米斯塔《幻觉》

美丽的扎扬黛（Zayandeh）河穿过城市，将伊斯法罕分为南北两半。北边是穆斯林的传统生活区，南边则是乔尔法（Jolfa）区，为亚美尼亚基督徒的聚居地。原以为到这个区会经过三十三孔（Si-o-Seh）桥，出租车司机说，桥上不能通行车辆，要走西边的铁桥。虽然这么说，但好心的司机还是放慢车速，以让我看清这座声名在外的古石桥。

亚美尼亚原是高踞伊朗头顶的山地小国，何以在“半天下”有他们的聚居区？说起来有些悲情，亚美尼亚人虽然创造了高度发达的文明，但自古就在大国夹缝里挣扎生存，居所从来就是战争双方的缓冲地。萨法维王朝早期，伊朗西北乔尔法地区与奥斯曼帝国经常发生战争，为躲避土耳其人的屠杀，当地亚美尼亚人便迁移到伊斯法罕，形成亚美尼亚人聚居区。阿巴斯允许他

◇伊朗最华美的旺克大教堂，门庭如寻常百姓人家，顶部有半圆形蓝底的教堂全景图。

们有自己的信仰，鼓励他们建起10多座基督教堂。现今留存的这些教堂，可以看出17世纪伊朗少数民族的经济情况和社会地位。

波斯人虽然曾为半个世界的霸主，但在征服过程中鲜有疯狂的灭绝行为。几遭清洗的犹太民族和亚美尼亚人，都深受波斯人的恩泽。

乔尔法区安静而整洁，像欧洲小镇，偶有披着黑袍的伊斯兰女子经过土黄的泥墙根，倒是别样的风情。走进巷子就看到伊朗最华美的旺克（Vank）大教堂，门庭如寻常百姓人家，顶部有半圆形蓝底的教堂全景图。门前水池里有尊黑色的牧师雕像，此公就是教堂的首任牧师哈查图尔（Khachatour），身后平房为他当年创办的印刷厂。

门票也与时俱进，15万里亚尔。院子右侧有座建于1702年的钟楼，六棱尖顶倒确实是基督教堂的象征。实际上，教堂是萨法维时期的建筑风格，洋葱状的中央穹顶，十字架、六角形，融合了亚美尼亚、伊斯兰和波斯建筑元素，似乎八面玲珑。可谓建筑中的大杂烩，文化中的老滑头。

教堂始建于1606年，历五六十年才得以完工。左边有座建在十字架台基上的四柱空心塔，正在琢磨时，一位波斯美女跟我打招呼。她叫马赫迪·穆罕默迪（Mahdieh Mahmoodi），马赫迪是伊斯兰所期待的救世主，穆罕默迪是伊朗宝贝玫瑰花的名字，如果不是嘴巴阔点儿，她就是世间最美的女子，可见上帝也有忌妒心。她像采访一样问我：

“从哪里来？”

◇乔尔法区安静而整洁，偶有披着黑袍的伊斯兰女子经过土黄的泥墙根，倒给人以别样的风情。

“叫什么名字？”

“一起几个人？”

“去过什么地方？”

“感觉伊斯法罕怎么样？”

“……”

实际上，她就是在采访。一问一答间，她妈妈在旁边一直录制呢，搞得我莫名紧张，说话反而结巴起来，很可能用词不当。轮到我问了：“你是亚美尼亚人？”马赫迪倒好，一下子全回答了。原来她是穆斯林，住在伊斯法罕郊区，陪妈妈来参观教堂。我为她拍了几张相片，互留邮箱，便分头参观了。

教堂面积不大，内部壁画模仿意大利风格。中央穹顶以蓝色和金色描绘了亚当和夏娃创造世界以及被逐出天堂的故事，天花和内墙饰以镀金壁画，如天使报喜、圣婴降生、出埃及、耶稣受洗、最后的晚餐、耶稣受难等《圣经》故事。里面很安静，为数不多的游客也放轻脚步，以免惊动上帝。有个穿着格子衬衫的老头正在聚精会神地看书，似乎不介意我拍照。

对面是博物馆，陈列与亚美尼亚历史相关的手稿和文献，还有奖章、雕刻、古书、乐器等。有片区域专门展示奥斯曼帝国对亚美尼亚人进行“种族大屠杀”的历史。

亚美尼亚是南高加索的古老民族，他们从来没有真正统治过自己的土地。1915 年，土耳其对境内的亚美尼亚人进行了残酷的灭绝性杀戮。当年 4 月 24 日晚，奥斯曼政府一夜间拘捕了两百多名君士坦丁堡（Constantinople）的亚美尼亚知识分子和社区领袖，这批精英多数没有活下来。后来，亚美尼亚人将 4 月 24 日定为“种族灭绝日”。

杀戮才刚开始，集中起来的亚美尼亚人被迫前往叙利亚荒漠。有证据说奥斯曼政府在驱逐过程中没有向他们提供任何补给或物资，即使抵达目的地后也是如此。《纽约时报》复述一份出处不明的报告，指“流徙者的尸体遍布道路及幼发拉底河，那些侥幸生还的人也注定死路一条，这是一个灭绝全部亚美尼亚人的计划”。

亚美尼亚是世界上最早的基督教国家，但这次，耶稣基督和挪亚方舟都没有拯救他们，事实上他们从来没得到过救赎。《大英百科全书》指出，从 1915 年至 1916 年“估计约 60 万亚美尼亚人在驱逐过程中死亡或被屠杀”。历史学家将亚美尼亚大屠杀、犹太大屠杀和卢旺达大屠杀列为 20 世纪人类三大种族灭绝事件。几乎每年，美国国会众议院外交事务委员会都要通过一项决议，认定第一次世界大战期间，奥斯曼土耳其帝国杀害 100 多万亚美尼亚人属于“种族屠杀”。

有分析认为，20 世纪初，奥斯曼帝国已严重衰落，因此通过屠杀有独立倾向的亚美尼亚人，以获得大量土地和财富。土耳其历届政府均否认种族屠杀，

◇马赫迪和她妈妈携手走进旺克大教堂。

称当时内战造成30万至50万亚美尼亚人以及同等数量土耳其人死亡。

土耳其当然不会承认，因为承认“种族大屠杀”就难以回应亚美尼亚人的政治诉求。亚美尼亚在1991年通过全民公决脱离苏联正式独立，领土只占亚美尼亚高原的11.5%，人口也只有亚美尼亚民族总人口的一半，甚至他们的精神家园亚拉拉特（Ararat）山——挪亚方舟的停靠地都在土耳其境内。总统科恰良（Kocharyan）在2005年4月24日发表讲话说：“1915年是亚美尼亚人的命运分界线，从根本上改变了亚美尼亚人民的发展路线。”

“幽怨悲凄、亘古伤感的眼神，是亚美尼亚人永远的特征，在他们的眼底深处，闪烁着他们的失土——亚拉拉特山的阴影、无数次大屠杀受害者的幽灵，以及被迫流亡世界各地的子民的苦难。”一位苏联诗人如是说。

一个新奇的玩意儿吸引了我的注意力，姑且放下这段悲惨的历史。

原来是阿巴斯时期的印刷机，通体黝黑，雕饰精致，历三百多年依然没有生锈，似乎正在颐养天年。亚美尼亚人来到伊斯法罕，办起了中东第一家印刷厂，老板就是教堂的首任牧师。我突然记起，门前的牧师像旁有尊画着什么机器的台座，原来就是这印刷机，所印第一本书现在可是宝贝，保存于英国牛津大学。

其实，许多亚美尼亚人都融入伊朗社会生活中了，如耶普伦·汗（Yeprem Khan），直接牵涉到伊朗历史。他是亚美尼亚革命领袖和民族英雄，领导人们和奥斯曼帝国军队打游击，还参与恺加王朝晚期的“宪法革命”，曾任德黑兰警察局长，博物馆有他全副武装的半身铜像。

院子里有座图书馆，里面珍藏亚美尼亚和中世纪欧洲语言的各类书籍。

◇左图是旺克大教堂内部壁画，模仿意大利风格，穹顶以蓝色和金色描绘了亚当和夏娃创造世界以及被逐出天堂的故事，天花和内墙饰以镀金《圣经》故事绘画。

# 扎扬黛河上的石头桥

请君莫问何处来？
请君莫问何处去！
浮此禁觞千万钟，
消沉那无常的记忆。

——《鲁拜集》

水是城市的灵魂，伊斯法罕如果没有扎扬黛河，不敢想象是什么情景，最少这“半天下”的名头将会大打折扣吧。时间还早，我便徒步往三十三孔桥走去。不想过马路时却遭遇险情，一个小伙子将摩托车开得飞快，为躲避我，差点摔倒。真主保佑，总算有惊无险。

与广州段的珠江相比，扎扬黛河更为洁净更为亲民。因为伊斯法罕人的望江豪宅没有过分压缩河床，而是留下大片的自然坡地栽种花草树木，形成园林式的景观大道。傍晚时分，学生、情侣、流浪汉及拖家带口的伊朗人都在这里散步或者野餐。正是丰水期，河里有几艘小船，划来划去，悠然自得。设拉子虽然有条河，但几乎枯竭，而亚兹德的水渠里只有源自坎儿井的细流，所以伊斯法罕的扎扬黛河显得尤其珍贵。

河上共修了九座桥，其中有三座古老的石桥。除三十三孔桥，往东还有“储碧”（Chubi）和“哈柱”（Khaju）两桥。三十三孔桥建于阿巴斯时期，横卧在河弯处，呈斜线走向，两边有许多伊斯兰风格的拱形门。顾名思义，桥体

◇三十三孔桥，建于阿巴斯时期，横卧在河弯处，呈斜线走向，两边有许多伊斯兰风格的拱形门。

有 33 孔，以减少水流冲击。除交通运输外，还有拦河、输水、宴饮、纳凉和观看演出等诸多功能，是萨法维时期桥梁建筑的典范。

这里也是被搭讪的好地方，以至让我应接不暇，要愁哪得功夫？这不，一位美女居然递给我 2 万里亚尔，我问何故。她说什么宗教缘由，要送出去，大概类似破财消灾。她很美，但我还是不愿收她的钱，要求照张相，她欣然接受。与她同行的一位刚做完塌鼻手术，脸上还敷着纱布。伊朗人喜欢塌鼻子，所以经常看到刚做完手术的年轻女郎，甚至男士也不例外。我想，也许并非纯粹为了美容，鼻子太高会带来不便吧。

草地上野餐的伊朗人，总会拿出食物与我分享，我来者不拒。不过，他们的水烟壶我不曾尝试，毕竟只有一个烟嘴儿，即使我脸皮厚，人家也会介意。然而，有些伊朗人的问候让我哭笑不得：

“你来自哪里？”

“欢迎哦！”

◇上：她递给我 2 万里亚尔，我问何故，她说什么宗教缘由，要送出去，大概是“破财消灾吧？
◇下：学习、工作、恋爱；善思、善言、善行。波斯人举家出行，在草地上野餐。

“你多大了？”

“你叫什么名字？”

“你家几口人？”

“你做什么工作？”

“你妻子叫什么名字？”

“她做什么工作？”

“……”

天哪！警察也没这样盘问过我。有个家伙，问完这些，抓耳挠腮半天，最后说：“拜拜！”估计他实在想不出会说的英语单词了。有个搭好架子拍照的家伙，看我经过，执意要给我拍张照片。不知若干年后，会是什么样子。

储碧桥有些低矮，看上去不太起眼。

天色渐暗，远远看到哈柱桥，拱形门里的灯火已经亮了。一绺儿粼粼的光晕映在水面，闪烁着黄昏的颜色，让人想起“江枫渔火”“烟柳断肠”。这把年纪，看到月缺花残，已经不再黯然伤神，但有时却害怕自己失去那种纯真，那份冲动。淡定神闲自然好，可也意味着渡尽劫波，意味着夕阳山外。

哈柱桥建于阿巴斯二世时，有人说比三十三孔桥更有特色，中间有座碉楼样的建筑，首尾以狮子镇守。游人从拱门里走过，形成特有的视觉效果，像极了我们西北的皮影戏。除桥梁应有的功能，它还是座蓄水工程，桥面和桥孔之间有条甬道，甬道左右脚有水。据说盛夏季节，阿巴斯二世会在甬道中与平民戏水。

没带脚架，再好的夜色也拍不出来。时间已经不早，跨过哈柱桥，沿着河堤返回。

三十三孔桥灯火通明，我跑到桥上拍照。来了几个二流子，挡在镜头前让我拍他们，看着就来气，便说没有闪光灯，不再理会，由着他们吵闹起哄。我看过一个中国人写的游记，他甚至和桥头闲逛的小痞子打了起来。果然，这帮家伙看到外国女人，吹口哨送飞吻，一副我是流氓我怕谁的模样。

回程出奇的简单，从三十三孔桥直线往北，过了侯赛因广场，马路对面就是我下榻的酒店。今天几乎徒步走遍伊斯法罕，有点佩服自己。好吧，附近有家名为“老八哈”（Nobahar）的餐馆，姑且进去“烤爸爸”。

◇夜晚的哈柱桥灯通明，游人从拱门里走过，形成特有的视觉效果。

# 如你心中尚存偏见，那么**请勿踏上这片土地**

早起的鸟儿有食吃。四十柱宫门庭紧锁，等开门的时候，太阳已经照到了扎扬黛河上，哪里还有什么光影？至于 20 变成 40，仍然只是个传说。

在伊玛目广场上闲逛，看时间将至，便退了房间，准备打车去机场。

侯赛因广场有群出租车司机，按照中国的说法，就是黑车。破得叮当作响的车辆，排成一溜儿，如果有客人来，按次序上车。当地人固然不怕被宰，有时两三个人拼车，那快散架的破玩意儿便稀里哗啦地上路了，价格大概很便宜。但对外国人却是狮子大开口，亏他们敢说出来。我问过酒店前台，此地到机场不过 12 万里亚尔，而这帮家伙居然要 60 万。

伊朗街头有两种出租车，一种有明显的“TAXI”标志，为正规出租车（Private Taxi），司机身着工装，波斯语“Dar Baste”，上车前虽然通常要谈好价，但司机可能会打表，意谓正在服务中；另一种是伊朗特色的合乘出租车（Shared Taxi），波斯语“Nar Dar Baste”或“Savari”。后者便宜，可以拼车，乘坐时应尽量看别人付多少钱，以防被宰。在中国这就是黑车，不知道政府为什么不管。反正，全世界的出租车都不会放过到嘴的肥羊，除了马什哈德的莫特扎。

60 万？抢钱呢，我当然不坐。稍远点儿，拦下一辆过路的空车，这司机也欺客，张口 30 万。我倚在车门上侃价，几位老大模样的家伙跑过来威胁司机快走，此君是聪明人，在手机里按出 15 万，让我上车。我略一犹豫，这些家伙居然推搡起我来，一时怒从心头起，大声质问：“你们想干什么？难道伊朗政府不允许外国游客在这里乘车？”他们见我生气，倒失了威风，嘟囔着散开。想来他们霸占了这块地盘，专宰外国人，不允许他人插手。

许多旅人对伊斯法罕没什么好印象，过度商业化带来了骗子、小偷和抢劫。据说当地闲汉会以帮忙拍照为名，拿到游客的相机，然后溜之大吉；我后来听栀子说，一位留学英国的中国姑娘，在伊斯法罕被偷得精光；而麦冬也说，她在乘车时曾遭遇“咸猪手”。记得我刚到伊斯法罕，几个司机跑过来，到市区张口就要 20 万里亚尔，我当然不坐；另一个降至 10 万，两人马上吵起来，几乎要动手。我走出停车场到路边打车，只不过 5 万。

“如果你的心中尚存偏见，那么请不要踏上这片土地。”有本书里如是说。其实，我在伊斯法罕的旅程堪称完美，最后阶段却验证了他人的告诫，见识到这个城市令人讨厌的一面。

机场没有飞往大不里士的航班。值班经理说，机票是从德黑兰出发到大不里士。怎么会呢？仔细一看，果然。可恶的代理商啊，我从来没想过去德黑兰乘飞机，怪我当时没有细察。也许那个售票员建议我这么走，我点头了吧？居然犯了如此愚蠢的错，连飞机也能搭错？说出来恐怕会让人笑掉大牙。我只好安慰自己，所谓旅行，就是不断地犯错和不断地纠错。

经理说到大不里士两周内的机票都已售罄。阿瓦士呢？没有。哈马丹呢？没有航线。怎么办呢？他倒诚恳，建议乘巴士，12 小时。只有这样了，他帮我退掉机票，告诉我到大不里士伊朗航空办公室才能拿到退款，给了我详细的地址、电话及负责人姓名。

本来想去美索不达米亚平原寻访埃兰王国，去看苏萨古城、乔加·赞比尔（Choqa Zanbil）和伊朗的“都江堰”，现在只能去大不里士了。经理写张纸条儿，让我拿着去找机场出租车，停车场有位头儿模样的人，叫来司机，让他带我到长途汽车站。

下午四点，正好有前往大不里士的豪华巴士。司机帮我买好票，一直送我到候车点才离去。可是，半夜时分抵达，我没有订到酒店，不免发起愁来。我突然想到，如果先去哈马丹，也许情况会好得多。没有如果，聪明一世，糊涂一时，居然连续犯错，不知道接下来又会捅出什么娄子？倒真是“一怀愁绪，几年离索，错、错、错”。

# Tabriz 大不里士

瓦希德摇头苦笑：“好可怜啊，我的工资只有 500 万里亚尔，”她是高中英语老师，城市中产阶级。她又补充：“钱虽然不多，但在大不里士还可以。”

◇她俩驻足流连，翘首观望，到底发现了什么有趣的事情？

# “开门吧！我只羁留片时”

四野正在鸡鸣，
人们在茅店之前叩问——
“开门吧！我们只羁留片时，
一朝去后，怕就不再回程。”

——《鲁拜集》

从伊斯法罕到大不里士约 800 公里，乘巴士需 12 小时。汽车在伊朗高原上奔驰，时速经常超过百公里，让人感慨伊朗高速公路的顺畅。因为地广人稀，公路中间的隔离带相距很远，从车窗里望出去，如两条巨龙，在广阔的原野里蜿蜒伸展。伊朗电影里蚀刻的群山、苍茫的沙漠、绵延的公路，正在实时地播放。

可是，贫瘠的土地总让人叹息。灰黄色的田野偶尔有稀疏的绿色掠过，似乎正在脱毛的老骆驼，显得干旱荒凉。相对南中国和次大陆，波斯荒蛮的土地倒像一片伤心。我不禁犹疑，如此恶劣的自然环境，生活在这里的人们，创造了什么样的奇迹啊？

中途休息，司机和乘客们都到店里吃饭喝茶。饭馆门口有开水炉，冒着热气，我灌满杯子，蹲在台阶上观赏黄昏时分的落日。再广阔的原野也有山峦的阻隔，再荒蛮的土地也有人类的踪迹。今晚天色暗淡，硕大的太阳似乎鲜亮的银盘，在山顶摇摇欲坠，光芒穿过“大”字形的高压线塔，幻化成奇异的景象。此际，我浑然忘却羁旅客愁，确想唱一首歌。

茶屋里走出来个汉子，热情招呼我。如中学英语课似的对话：

“你好！”

“你从哪里来？”

“你叫什么名字？”

“感觉伊朗如何？”

“……”

认真回答完毕，他又邀请我吃饭。推辞不得，便走进茶屋。里面烟雾缭绕，榻榻米样的茶床上三三五五地坐满了人，只听得水烟管子呼噜呼噜的声响，我不禁笑了。

座上已经有位老者，我就搭在床沿上。老者撕下一大片馕饼，夹上西红柿炒鸡蛋递给我。好吧，我也不客气，抓起来就吃。西红柿炒鸡蛋是中国人的拿手好菜，就算不会做饭的懒人，也能做得像模像样。亚兹德奥西斯宾馆的比纳姆得知我们想自己做饭，顺口就说“西红柿炒鸡蛋”。不过，伊朗人比较少做，在这里碰到，有些意外。

伊朗的便宜货，除了汽油，还有馕饼。馕饼由专门手工作坊烤制，政府出资予以补贴，所以价格便宜。即使再穷的伊朗人，也能享用到足够的馕饼，不至于挨饿。新疆的“馕”源自古波斯，但模样口味差别很大。伊朗馕约有六种，长的圆的，薄的厚的，各不相同。早晚经常看到馕饼店前热闹的排队场面，有人甚至抱起一摞招摇过市，或者干脆边走边吃。以前用土制的炉子或烤箱，现在多改电烤。伊朗人说，还是喜欢传统手工烤制的馕。

这汉子问我要不要抽水烟，我摇头婉拒，他便端来一杯红茶，扔进去几块方糖给我。茶汤呈玫瑰色，带着独特的花香味儿。在茶屋里消费是要付费的，对这份热情，我很难提及“钱”，只好连声道谢。吃喝完毕，看到司机招呼，便握手告别，他居然用中文说“再见”。热情的当地人，让我忘记了所犯的错误。也是，不论如何行走，都是不可复制的历程。

隔壁就是馕饼店，我买了三张，像窗帘一样，又薄又长，只收3000里亚尔。伊朗谚语云“不要在邻居家的烤炉里烤自己的馕”，是说切莫自私。我想，不管国际国内环境如何，只要伊朗能够保障价格低廉的馕饼，社会秩序就不会乱套。

汽车每隔三四小时都会停下来，让乘客们吃饭喝茶方便。蒙胧间，邻座年轻的士兵示意大不里士到了。不知怎的，汽车没进城里，而是停在郊外路边。司机见我迟疑，有些不耐烦，催促我快点儿。我只好拎起旅行包下车，打开手机看时，时针刚好指到凌晨四点。

一个戴着头箍的粗矮汉子走过来叫我上车。黑灯瞎火的，勉强看到出租车有些破旧，同车而来的两个人已经落座。我将行李扔在后备厢里，挤了上去，告诉他到阿塞拜疆大酒店。

出租车在漆黑的夜里穿行，收音机播放着粗犷的伊朗音乐，让人顿生去国离乡之感。有人在半路下车，看到他付了 5 万里亚尔，想来路程着实不近。未几，余人走完，又跑了很远才找到阿塞拜疆大酒店，司机敲开大门，睡眼蒙眬的伙计说没房，只好再到马什哈德宾馆。老头儿打开房间，告诉我只需 30 万里亚尔。一股霉味扑鼻而来，我便退了出来，示意司机再找别的旅馆。从 “Ark”“Sina”“Park”“Kosar” 到最好的 “Gods”，不知道是懒于接待，还是真的没有房间，居然都说客满。

不好意思再回马什哈德宾馆，反正我做不成梦，就敲碎别人的梦。以真主的名义，我几乎敲遍了大不里士所有宾馆。两小时后，天色微明，街头的景物逐渐清晰起来。司机最后将我拉到大不里士国际大酒店，标价 198.8 万，伊朗人也迷信 “8”？前台却说 200 万，没有折扣。我决定住下来，司机狮子大开口，要 25 万里亚尔。想着他拉我到处找房，折腾两小时，就没有计较。

办完入住手续，一个穿着制服的中年男子带我去房间。回头看时，嬉皮笑脸的司机还在前台流连，大概等着拿回扣吧。

进入房间，扔掉行李，一头倒在床上。

◇上：大不里士街头，粉色的公交车站煞是惹眼，一个老人从旁走过。
◇下：大不里士伊玛目大街，还有公用的投币电话，一个女子正在打电话。

# 空气里流淌着大选的味道

东阿塞拜疆（East Azarbaijan）省位于伊朗西北边陲，民族多样，人杰地灵，出过很多著名人物。其东边的阿达比尔为萨法维王朝的发祥地，而现今最高领袖哈梅内伊、改革派领导人穆萨维（Hossein Mousavi）都是阿塞拜疆族，中国老足球迷熟知的阿里·代伊（Ali Daei）也出生于阿达比尔。至于诗人学者，不胜枚举。东阿塞拜疆省的北方还有个同名的国家，很容易混淆。

亚历山大统治时期，阿塞拜疆地区有个名为“阿桃帕特”（Atorpat）的将领，于公元前331年起兵，首先脱离马其顿管治，所以该地最早叫“阿桃怕看”（Atorpatkan），后改名阿塞拜疆。

大不里士始建于公元前3世纪，东阿塞拜疆省首府，文化名城，丝路重镇。作为西北门户、东西文化交流和商品贸易的通道，三教九流云集，是名副其实的是非窝。因处高加索（Caucasus）山脉南麓河谷地带，气候湿润，为伊朗著名的避暑胜地。

中国古书称大不里士为“桃里寺”，听起来像座庙宇，也有译成“帖必力思”“低廉”者。马可·波罗曰：“大不里士人，实以工商为业。缘其制作多种金属织物，方法各别，价高而奇丽也。”所谓金属织物，估计就是镶有金线的波斯地毯，是不是马可·波罗看走了眼？甚至有说大不里士就是《圣经》中的伊甸园。不过，对伊甸园最靠谱的推断，应该是“临近波斯湾，已沉入海底”。

我还是喜欢今译“大不里士”，听起来很有学问，似乎儒雅的隐者。公元8世纪初，阿拉伯人征服波斯和中亚，建立阿拔斯王朝——因旗帜尚黑，中国史称“黑衣大食”。大不里士成为黑衣大食的军事要地。

公元 751 年，黑衣大食与当时的盛唐曾发生强烈碰撞，著名的怛罗斯（Talas）之战，以唐军失败而告终。《资治通鉴》载：“仙芝闻之，将蕃、汉三万众击大食。”此役唐军精锐尽失，仅千余人生还，阿拉伯人也慑于唐军恐怖的战斗力，没有扩大战果，反而遣使通好。随后唐朝被“安史之乱”拖垮，走向衰落，再也无力远征。此役双方主将都没能善终，唐玄宗错杀了高仙芝，阿布·穆斯林（Abu Muslim）因功高震主也被谋杀。

怛罗斯位于今哈萨克斯坦南部，高仙芝率几万人就敢“深入七百余里”，其中还有 30% 不太靠谱的属国军人，纯属自讨苦吃。果然，这些家伙临阵倒戈，导致唐军溃败。从后来的情况看，此役就算唐军胜利，也不能改变帝国盛极而衰的命运。

阿拉伯人俘虏了大量唐军，其中不乏能工巧匠，促进了造纸术等中国文明西传，同时伊斯兰教也进入中亚地区。当时从军的杜环被俘后，周游阿拉伯各地，回国后写成《经行记》，记录了域外 13 国的地理山川和风土人情，为研究这些国家历史文化的原始资料。

公元 791 年，阿拔斯王朝的哈伦·拉希德（Harunal Rashid）的妻子首建此城。而哈伦时代的阿拔斯王朝国势昌盛，阿拉伯故事集《一千零一夜》对这位哈里发多有渲染。实际上，《一千零一夜》故事多数源于波斯、印度，以及阿拔斯和埃及马穆鲁克（Mamluk）王朝时期流传的民间故事。

公元 1258 年，成吉思汗的孙子旭烈兀（Hulegu）攻克巴格达，前阿拔斯时代结束；后阿拔斯王朝的哈里发们，沦为埃及马穆鲁克王朝苏丹的傀儡。旭烈兀建立的伊儿汗（Ilkhanate）国，起初定都马拉格（Maragheh），后迁都大不里士。

伊儿汗第七代国王合赞汗（Ghazan Khan Mahmud）时期，大不里士学者荟萃，伊斯兰文化空前昌盛，建起许多清真寺和宗教学校，成为什叶、苏菲派学术中心和欧亚经济文化的桥梁，成为知识之城。14 世纪至 18 世纪，来自中亚的土库曼（Turkmen）部落建立的黑羊（Kara Koyunlu）、白羊（Ak Koyunlu）和萨法维王朝，均先后定都大不里士；第二次世界大战期间，大不里士成为苏联实际控制的阿塞拜疆共和国的首府。

虽然有多个王朝在此建都，但都逃不过“短命”的下场，诚如中国的南京、印度的德里。记得印度有句老话：“无论谁在德里建起新城市，最终毫无疑问都会失去。”此言也适合大不里士。如果说例外，就是萨法维王朝，但其辉煌在迁都伊斯法罕后。

大不里士从来就没少过战争，甚至连地震也频繁造访。阿塞拜疆、亚美尼亚、土耳其、俄罗斯、库尔德、阿拉伯、波斯等民族在这里聚居融合，就像个大杂院，院子里的每个元素都能说上一千零一夜。

如今，特殊的地理位置和优美的自然环境，使大不里士在多行业领先于别处，获得伊朗“第一城市”的美誉，比如第一座市政厅、第一个电话系统、立宪运动策源地……

我下榻的国际大酒店挂着四星，餐厅位于地下，食物不丰，但却是个闲拉胡扯的地方。与几位度假的阿拉伯人神聊一番，看时间不早，才寻路去退机票。

里海的季风穿过河谷，给大不里士带来几分凉意。出酒店向东，再往北跨过梅赫兰（Mehran）河，就到了伊朗航空公司办公室。很快办完退款手续，扣掉了30余万手续费，没来由的冤枉钱。一个低级错误造成连续的时间、经济损失，令我叫苦不迭，只好安慰自己，所谓旅行，就是对与错的交织。

沿着伊玛目（Imam）大街西行，有许多名胜古迹。这也是大不里士最繁华的街道，因为临近伊朗总统大选，到处挂满了霍梅尼、哈梅内伊和各总统候选人的画像，但没碰到大规模的游行造势活动。路边还有一辆冷冻车，车厢画着“功夫熊猫”，算是中国元素。分明觉得，清凉的空气里流淌着大选的味道。

根据宪法，伊朗实行政教合一、神权至上的政治体制。国家最高领导人是宗教领袖，权力在行政、立法、司法之上。负责选举领袖的“专家会议”由86名宗教法学家组成，所谓政府实际就是“安拉”的仆人。

“万物非主，唯有真主。”国民必须效忠于宗教，除了“背黑锅”，凡事皆以真主的名义。即使非伊斯兰，也得遵照真主的旨意，如妇女的黑袍和头巾，连外国人也不例外。有篇文章说：“由于伊朗政治体制，实质上总统事无巨细都要按照最高领袖和专家委员会的意志行事，在更大意义上只不过是宗教的

◇街头挂满了霍梅尼和内贾德的画像，空气里充满了大选的味道。

官方新闻发言人罢了。”

无论如何，大选这种事只是政治家玩弄厚黑学的事情，对宣传画后面的小店老板来说，只要今天的营业额过得去，打烊后就可以到附近的水烟馆里吸上几口，或者还能给妻女添几件时尚服饰，那画儿一直贴着也无妨。

较之于阿拉伯国家，伊朗对女子服饰的要求已经很宽容了。街头的时装店里，外套虽都是半身短风衣，但款式多样，色彩艳丽，一点都不落伍。可是，如果细心观察，就会发现精细化妆过的年轻女郎，穿着一双布满灰尘或式样老旧的鞋子，让人暗叹伊朗每况愈下的经济环境，不知道未来的新总统能否带来新希望？

大不里士的房屋中介公司和中国一样，里面坐着二三工作人员，面向街区的玻璃墙上用 A4 纸贴着待出租出售的房屋情况。旁边的电脑专卖店里居然有“DELL”，难道戴尔敢违反美国政府禁令和伊朗人做生意？

走走看看，不时有年轻人和店铺老板跑出来合影，就这样很快融入大不里士。附近有叫“Fire Tower”的景点，不知为何物？犹豫间，跑来几个中学生，愿意带我去看。转来转去，还是没有找到。

我拿出明信片，送给学生们。他们兴高采烈，欢呼着散去。

# “世界之王”和他的蓝色梦境

唱着那首苦难之歌的鸟儿是爱，
不可见者知晓的那信使是爱。
将你从存在召向不存在的是爱，
使你获得救赎的是爱。

——哈加尼

著名的蓝色清真寺在伊玛目大街边，但初次照面，却擦肩而过。相距百余米就是东阿塞拜疆博物馆，浅黄色砖石结构的两层建筑有些低调，拱门口站着两只古拙可爱的石雕绵羊，大概经常被人抚摸把玩，背部油光锃亮。博物馆建于1958年，集考古、历史于一体，有三个展厅、一个侧院，以及图书馆和办公室。

门票也涨了，售票员照例给我一沓票根。展品包括阿塞拜疆考古挖掘出来的陶瓷和雕塑，第一展厅陈列公元前五千年至萨珊王朝时期的文物，包括各种瓷器、神像、角状杯和一对男女骷髅，以及精致的“太斯米”(Al-Basmalah)大理石。

“太斯米”是阿拉伯语音译，即伊斯兰教义“奉至仁至慈真主之名”。《古兰经》几乎每章以这句话开篇，各类穆斯林文章中也反复出现，甚至伊斯兰国家的宪法也以太斯米开头，穆斯林每日五次礼拜更不例外。

第二展厅由两部分组成，一部分是伊斯兰考古，为公元10世纪至19世纪的陶瓷器具，有两只来自中国的青花瓷碗，底部分别印着“明万历年间制”和“明弘治年间制”，还有张巨大的波斯飞毯。另一部分为钱币和印章，从阿契美尼德到恺加王朝，钱币的历史其实也是波斯文明的发展史。这些残破的古钱，现在可都是宝贝。

刻着太阳和月亮的玛瑙印章是公元前三千年至伊斯兰时期的文物。伊朗印章有两种，一种像中国印章，可直接加盖；一种为圆柱形，图案文字刻在柱身周围，要在纸张或者丝织品上滚一圈。内容比较多的宪章法令，这种印章几乎就是印刷模具。我才明白，著名的“居鲁士圆柱”要做成枕头样，原来是为了方便印刷。

图书馆有2500多本手写和影印的书籍，涉及历史、考古和艺术等伊朗文化。

第三展厅在地下，为侯赛尼（Ahad Hosseini）用石膏制作的雕塑，通过噬人恶龙、五大凶魔、饥寒交迫，悲惨逃离、和平超人、现代战争等系列作品，以他丰富的想象力，夸张艺术地表现20世纪人类的命运。侯赛尼出生于大不里士，曾在阿塞拜疆博物馆工作过五年，先后游学欧洲。1984年进入巴黎艺术装饰学进修，结束法国的工作后，回到大不里士，创作了大量雕塑作品。理所当然，他现在是阿塞拜疆博物馆的名片。

雕塑后面的壁橱里，陈列着历代锁具和钥匙，可以直观地了解伊朗锁钥的变迁史。

工作人员递给我一份如何改进博物馆工作的问卷，如宣传、陈列、布局、服务等，请我填写。原来，阿塞拜疆博物馆是除德黑兰伊朗国家博物馆外最大的综合性博物馆，怪不得如此注重服务。问卷有些啰嗦，开始我还能认真填写，后面雷同的问题就随便勾选了事。博物馆赠给我一本关于馆藏钱币的小册子，全波斯文，从后往前翻，如读天书。

侧院里散落着许多石柱、雕刻和碑铭，有几只憨态可掬的石雕公羊，因为年代久远，形状有些模糊。为什么露天放置？也许不太重要。

返回隔壁的哈加尼（Khaqani）花园。花园门口矗立着12世纪著名诗人、思想家哈加尼（Shirvani Khaqani）的白色雕像，手拿书籍，目视远方。他出生于今阿塞拜疆国境内的希尔凡（Shirvan），当时该地为塞尔柱帝国的附庸。诗人幼年丧父，由学识渊博的叔父资助完成学业，25岁时被聘为宫廷诗人，

◇上：蓝色清真寺院内的拱形走廊，看得人有些恍惚。有说大不里士就是《圣经》中所说的伊甸园。
◇下：如今，蓝色清真寺蓝色不再，土黄色的圆顶建筑看上去有些灰头土脸。

厌倦后两次游历中东。因擅自出走而被国王监禁，期间创作了反封建的“监狱诗”（Habsiyye）。获释后回到大不里士，儿女妻子先后离世，他死后归葬于诗人墓地。

哈加尼的作品是波斯文化遗产，包括各种体裁的作品和多达300行的同韵诗，对中东诗歌的发展产生了广泛的影响。当时中国文坛，正高唱“大江东去”和“晓风残月”。

花园里玫瑰盛放，绿树成荫，几组拱门搭成的框架下面坐着许多纳凉的老人，后面淡红色的砖石建筑就是蓝色清真寺。灰头土脸的圆顶有些暗淡，与其“头号历史古迹”的称呼不太匹配，以致初次照面，竟然错过。蓝色清真寺没有宣礼塔，高而阔的拱门周围残留斑驳的蓝色瓷片，隐约可见当年的华美精致。

售票员问我来自哪里，我说伊朗。他显然不信，微笑着摇头，还是按外国人价格卖票予我，然后示意先看门口的英文简介。

清真寺由黑羊王朝的贾汗·沙（Jahan Shah），即“世界之王”建于1465年，用彩绘瓷砖把整个清真寺打造成名副其实的蓝色殿堂，号称“伊斯兰绿松石”。外观宏伟，光彩瑰丽，大理石拱顶刻《古兰经》箴言，隐约可见拜占庭殿堂建筑的影子。1779年的地震中，清真寺遭到破坏。从当时的图片看，圆顶坍塌，只剩断墙和入口，几乎成了废墟。后在伊朗文化部的监督下于1973年重建，可谓修旧如旧，残存的为数不多的蓝色瓷砖尽可能得以复原。

殿堂三进，空旷的正厅周围有两重拱门，光线穿过顶端的窗户，照在贴着残存彩绘瓷砖的墙壁上，看上去老态毕现。后殿拱门顶部还残留着昔日的痕迹，用六角釉砖拼贴而成的一片蓝色，墙角堆着无法还原的砖块。现在看来，似乎没落的贵族，舍不得脱掉旧衣裳。

旁边有坑道，以波斯语写着“世界之王和他的夫人的坟墓”。跳下去看时，里面空空如也，形如中国西北农村的洋芋窖，敢情适才博物馆所见就是世界之王夫妻的尸骨？想必地震前他们就葬在这里。只是，建筑被后人修复，帝王永远成了骷髅。

世间有许多蓝色清真寺，如土耳其、阿富汗和埃及，唯有这座流露出颓废而残缺的美。

◇上：旅行的妙处，在于敞开心扉，收获最美丽的微笑。蓝色清真寺里碰到的伊朗年轻人。
◇下：重建后的蓝色清真寺尽量使用原来的瓷釉，这个拱门可以想见当初的清真寺是多么光彩照人。

穿过院里漂亮的拱形走廊，看到几个青年男女正在拍照，便主动走过去帮助他们，气氛随即热闹起来。旅行的妙处，在于敞开心扉，收获最美丽的微笑。

# “她们抽的不是水烟，而是一种存在”

大不里士是丝绸之路上的驿站，也是兵家必争之地。商贸和战争的交响曲，至今传唱不息。霍梅尼广场周围，留下许多古老建筑和历史遗迹。遥想当年满载丝绸迤逦而来的骆驼商队，到此都应该喝杯花酒，洗个热水澡，顺便兜售他们从中土带来的宝贝了吧？

拐过一个弯，看到前面提到的“Fire Tower”，其实是座六棱柱形瞭望塔，红色伞状顶上插着伊朗国旗和消防旗。向当地人打听，原来是大不里士第一消防站，该塔号称“消防第一塔”。建于1917年，高23米，现在看起来不太起眼，甚至没有旁边的高压线塔高，但以前却是大不里士最雄伟的消防塔，站在顶端能观察到城市每个角落的火情。想起广州越秀山上的镇海楼，当初登临可以望海，如今所见多是灰霾。

伊朗城市几乎都有伊玛目广场。名曰广场，实为转盘，中间有大画幅的霍梅尼像，来往的车流到这里逆时针旋转，然后奔向自己的路口。南侧是青灰色的两层小楼，顶端镶嵌巨钟，古朴典雅，很有历史感，墙壁有领袖像，这就是大不里士市政厅。

这座欧式风格的大楼由德国人设计，是旧大不里士的象征。在门前转悠半天不得要领，绕到后面，有座小花园，枝头的玫瑰花开得正闹。有几只高脚酒杯样的花盆，外壁有中国山水风格的细密画，还镶嵌着两只公羊头。中世纪的黑羊、白羊王朝曾定都大不里士，因旗帜绘公羊图案而得名，看来这花盆里也蕴含着王都的富贵气。市政大厅地下一层为展览馆，偶尔向公众开放。

蒙古人入侵使波斯细密画受到中国艺术的影响，大不里士原来的塞尔柱

◇大不里士"消防第一塔"，两个伊斯兰女子从霍梅尼像前走过。

画派转向新的东方风格，代表大不里士画派最高水平的作品是菲尔多西的《列王纪》。

巷子里有些古老的宅子，辟为特殊专业的博物馆，或是旅游信息中心。我运气好，就找到这么个古院落，有非常漂亮的走廊和窗花，红砖砌成的墙壁再以白灰勾勒，看上去清幽雅致，别有韵味。我想了解岩石村坎得万（Kandovan）的情况，便到二楼咨询。办公室坐着几个工作人员，先来一杯茶，再来盘蛋糕和糖果。难道他们的零食是专为前来咨询的旅人准备的？正好人困马乏，便老实不客气地边吃边喝边问。

坎得万村依雪山而建，蒙古人入侵时，村民就躲在状如烟囱的火山熔岩洞穴里。因奇特的地形地貌，几可与土耳其的卡帕多奇亚（Cappadocia）媲美，遂成当地一景，后来还建起五星级酒店，供游人住宿参观。村子距大不里士20多公里，可以坐公共汽车到小镇奥斯库（Osku），再乘出租车前往。

辞别众人，想去看阿尔格（Arg-e）遗迹，正在路口犹豫，一位大学生模样的人过来问我需要什么帮助。原来他在附近伊斯兰艺术大学就读，我说明原委，他说正好有空，愿意带我参观。

阿尔格是14世纪伊儿汗国所建的堡垒，现仅存28米高的厚墙，有两个拱门，外侧带半圆柱形碉堡。历史学家认为是军事要塞，而宗教学家认为是早期的清真寺，恺加王朝时期才被用作军事用途。这座堡垒在1900年反抗恺加王朝的立宪战争中起了重要作用，同时也遭到破坏，现在只剩这面墙，弹痕累累。周围是工地，正在挖掘拓展。从规模看，很可能要打造成庞大的旅游景点。一个工头模样的人想拦阻我近前，学生说了几句好话才让我拍照。

辞别大学生，在路上闲逛，碰到电影院，便进去找个角落坐下。伊朗电影起步很早，于1900年就有了纪录王室生活的影片。伊斯兰革命后，虽然受到各方面的制约，电影人还是走出了自己的路子。20世纪90年代以来，伊朗电影在国际上接连获奖，大放异彩。伊朗电影风格独具，多树立温馨感人、质朴纯洁的良好形象。

旧式的电影院音像效果不好，里面只有三五观众。一个老头儿过来，看我坐在边上，打个招呼又出去了。也许他想叫我买票，面对可怜的上座率，又担心会吓跑我。正在播放的是家庭喜剧片，虽然听不懂，但幽默温馨的情

◇伊朗城市几乎都有伊玛目广场，对面是大不里士市政厅，中间有大画幅的霍梅尼像，来往的车流到这里逆时针旋转，然后奔向自己的路口。

节还是让人会心一笑。

一家水烟（Hookah）馆，烟民们正喷云吐雾，惬意得很。两个士兵见我探头张望，大声叫我进去，面对镜头，夸张地表演吸烟技术。有好事者考证，水烟初见于印度，后在伊朗地区流行。我在印度焦特布尔的太阳城堡见过鸦片烟具，非常复杂，伊朗人的水烟壶则简洁精致，伊斯法罕手工作坊出产的就是艺术品。据说水烟的劲道比普通香烟还烈，伊朗曾有过禁烟令，而这里居然有士兵公然吸烟，还邀请我尝试。见他们共用烟嘴，便婉言谢绝。

在伊朗，应付搭讪是项重要的工作。一个补鞋匠让我给他拍照，旁边的

◇大不里士市政厅后面的小花园，枝头玫瑰花开得正闹。几只高脚酒杯样的花盆，外壁有中国山水风格的细密画，还镶嵌着两只公羊头。

中年汉子过来凑热闹，然后拿出钱包，里面有他当兵时的照片，荷枪实弹全副武装，真正的“雄姿英发”。看他年近半百，应该参加过两伊战争吧。如今英雄迟暮，只能混迹于市井。也有招揽生意的导游，问我有没有团队，需不需要专业讲解，我表示自助穷游，便给张名片离去。

因与信奉基督教的亚美尼亚为邻，大不里士生活着许多基督徒，市内有教堂。当年土耳其奥斯曼帝国屠杀亚美尼亚人，他们逃到伊朗，在伊斯法罕形成基督教社区。伊朗政府对宗教比较开明，没有太多附加政策，只要不影响多数穆斯林即可。附近就是马可·波罗提到的圣玛利亚大教堂，能看到十

◇如果伊斯兰妇女的袍子能像印度的纱丽一样丰富多彩，那该多漂亮啊！

字架尖顶，可半天找不到门。有个中年汉子手中拎着像窗帘似的大片馕饼，见我好奇地观察，边带我寻找边撕下半块给我。终于找到了门，却被告知不开放，只好表示遗憾。

阿拉什（Arash）也是位大学生，所学专业与旅游相关。这个土耳其男孩，留撮小胡子，身材高大，发型时尚，说愿意带我逛大巴扎。我总觉得陪人逛街有点儿痛苦，因为他们眼中的寻常事物，也许我要逗留半天，所以婉转表示："如果你忙，我自己逛就好。"他误会了，说他的家世很好，父亲是老板，不会跟我要钱。既然如此，我建议去茶屋（Teahouses）小坐。

◇阿尔格是14世纪伊儿汗国所建的堡垒，现仅存28米高的厚墙，有两个拱门，外侧带半圆柱形碉堡，墙体弹痕累累。

在巴扎里绕来绕去，找到一家用土耳其浴室改成的茶屋。华丽的拱形顶，周围以柱子相隔，每隔段放张床，中间是八角形水池，忽而会喷出一股水柱，池里面还有几条金鱼。邻座一男二女，正在喷云吐雾，似乎和阿拉什相熟，看到我这个外国人，友好地打招呼。茶屋是伊朗人休闲娱乐的场所，女孩子尽可能将头巾散开，露出精心打理过的头发，不时呼噜呼噜地吸上两口水烟，让我大开眼界。

政府颁布的禁烟令似乎没有成效。对伊朗人来说，茶屋是风月地、社交场，抽水烟是传统生活，他们不仅在茶屋烟馆抽，家里也备水烟壶。现在多

◇上：由土耳其浴室改成的茶馆，可以喝茶、抽水烟，是伊朗人休闲娱乐的重要场所。
◇下：这位帅气的男子是个“土豪”，带着两个漂亮姑娘。瞧这位，正在表演吸烟技术呢。

抽水果烟草，由鲜烟草叶、干水果肉和蜂蜜等制成。然而，看女孩子毫无顾忌地抽水烟，我还是有点奇哉怪也。她们倒很大方，吸上一口，再轻轻吐出来。烟雾弥漫开来，有股呛人的香味，一位女孩得意地让我拍照。阿拉什揶揄道："她们抽的不是烟，而是一种存在。"我半天才反应过来，不由得乐翻了天。

古波斯神话里，神用玫瑰、蛇、鸽子、蜂蜜、死海之水、苹果及泥土捏出了女人。所以，在波斯人眼里，一个完美的女人身上，可找到玫瑰的娇艳、蛇的慧黠、鸽子的温柔、蜂蜜的甜美、水的灵魂、苹果的清香和泥土的温存。

一壶茶3.5万里亚尔，对我来说，是伊朗的传统生活和风土人情。出了茶屋，和阿拉什钻进迷宫样的大巴扎里。巴扎历经千年，萨法维时期空前繁荣，17世纪归于沉寂。但市场仍然是重要的商业中心。巴扎建筑风格独特，为世界最大的有顶棚的集市，占地约7平方公里，有24家独立的商业旅馆和22个圆顶大厅。经营区域严格细分，有地毯、珠宝、服饰、水果及各种日用品商场，里面还有清真寺、餐馆和浴池等配套设施。

居然有许多蜂蜜和蜂巢，生意还不错。阿拉什说："马拉格附近的牧场非常漂亮，伊儿汗时期，蒙古人就在那里养马放牧，蜂业自然也繁荣，所以大不里士蜂蜜蜂巢小有名气。"

穿梭在砖砌的石墙与穹顶构成的伊斯兰风情的走廊里，漂亮的地毯、精美的锡器、绚丽的细密画，从金玉珠宝到日用杂货，从昂贵的手工地毯到中国货，包罗万象，应有尽有。这些商品将伊朗农村、小镇与城市联结起来，融合了多种社会文化和经济模式，是伊朗人日常交流最重要的空间，也是伊朗传统生活的缩影。

但是，阿拉什对中国货颇有微词，认为质量不好，我说："便宜嘛，难免质量会出现问题。"我很想说，以大多数伊朗人现在的购买力，也就门类齐全的中国货能够铺满市场，而且做到了白菜价。

在地毯商场，阿拉什说："大不里士是伊朗最早、最古老的地毯出产地，全国出口的地毯半数来自这里。"波斯地毯名闻天下，是伊朗的名片。编织波斯地毯的原料只能用羊毛和真丝，要求天然颜料染色，如从石榴皮提取淡黄色、从核桃皮提取红褐色。制作工艺严格，价格自然也不菲，纯正的手工波斯地毯每平方米要1000～2000美元。

◇上：很有趣的场景。街头的雕塑旁边坐着一对老年夫妇，瞧这位老者，与雕塑中的掌柜如此相像。
◇右：大不里士大巴扎周围建起来许多现代商场，人来人往，异常热闹。

巴扎是波斯帝国的特产，世界十大巴扎，七个在伊朗，大不里士巴扎位居榜首，次席属大马士革，第三是伊斯法罕，第四为马什哈德，第五在伊斯坦布尔，而德黑兰大巴扎排名第六。大不里士巴扎作为古丝绸之路珍贵的老市场，联合国教科文组织于 2010 年将其列为世界遗产，开始组织修复工程，同时周围也建起许多现代商店和购物中心。

街头有些雕塑，补鞋匠、肩搭地毯的商人、推小车儿的摊贩，惟妙惟肖，煞是有趣。阿拉什说：“巴扎里许多清真寺，阿舒拉节期间，市场停业十天以举行宗教仪式。”说句实话，逛了半天，感觉不如伊斯法罕的大巴扎。他见我兴味索然，便问：“郊区有座公园很漂亮，我家就住附近，想不想去？”天色已晚，我打算去诗人纪念塔，他便留下电话号码，我送他小礼物，拥抱道别。

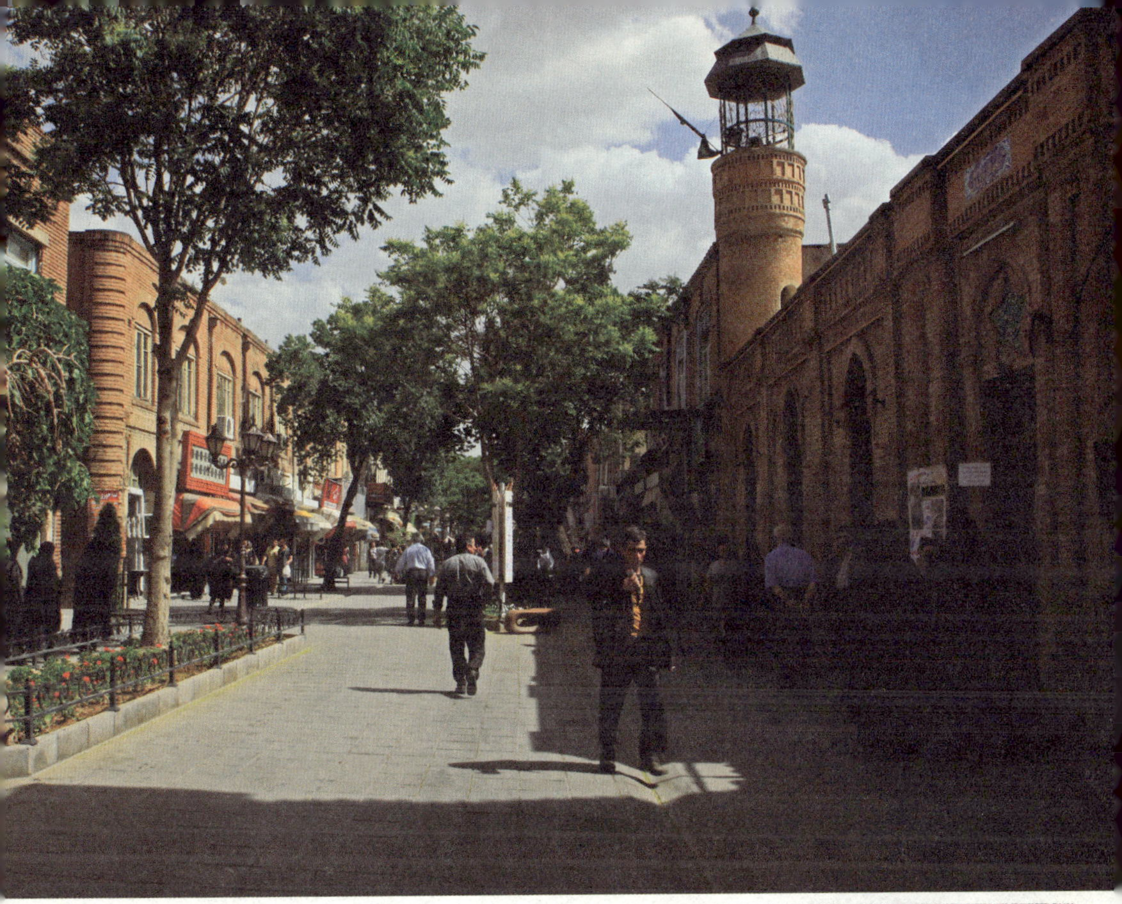

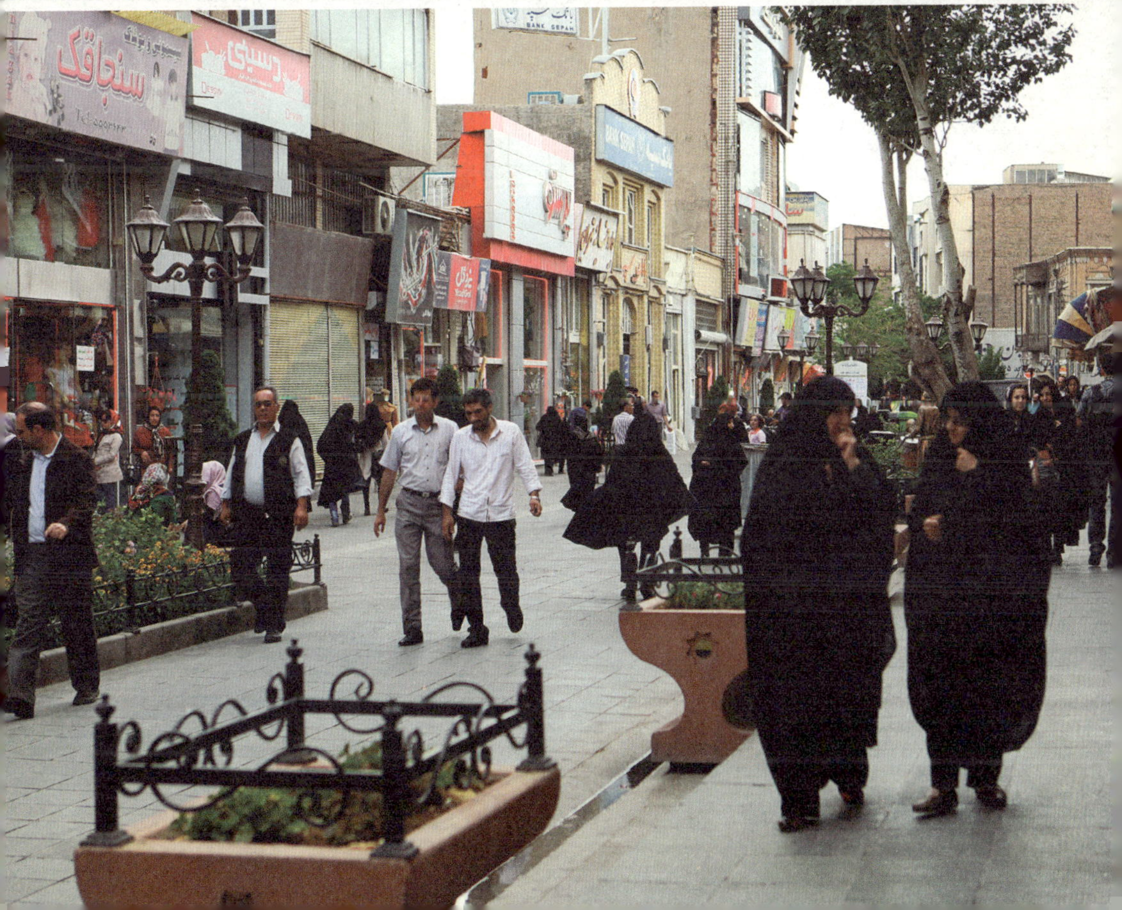
سنجاقک
دسیای
بانک سپه
BANK SEPAH

◇左：大不里士街头的雕塑，背着地毯的商人，一个身着黑袍子的妇女从旁边走过。
◇右：街头的补鞋匠雕塑，与现实中的补鞋匠相比，连工具都差不多。
◇中：一个补鞋匠，旁边的黑衣男子曾经是军人，看年龄应该参加过两伊战争，如今流落市井。
◇下：这位中学校长模样的波斯人，手中拎着刚买来的馕，我问路时，他顺手撕下一片，让我先吃为快。

# 诗人的故土，**故土的诗人**

“我觉得，‘在大不里士的家中’，不断成为我习惯性的用词；只要我没有喝尽查兰达布（Charandab）和哈吉尔（Ghajil）的水，血泪将从我的眼中流下。”14世纪，生活在大不里士的苏菲派诗人卡马尔（Kamal Khujandi）如此动情地说。

一个城市，只要有水，便有了灵魂。梅赫兰河自西北流向东南，将大不里士分成两半。然而，这条河实在小得可怜，尽管已经是夏季，水流却瘦弱得像诗人伤心的眼泪。说起来，自蒙古铁蹄踏进波斯，大不里士先后成为多个王朝的都城。随着朝代更迭，这座古城亦在战乱、繁荣和失落中交错前行。

“国家不幸诗家幸，赋到沧桑句便工。”大不里士是诗人的摇篮。

桥头就是暗红色的《古兰经》博物馆，拱形圆顶插着绿色旗帜，周围落满鸽子，正面两角有碉楼样宣礼塔。据说里面收藏了各个时期不同版本的《古兰经》和波斯书法作品，但现在门庭紧锁，已经下班了吧？

许多城市常有“滨河”、“沿江”之类的马路，宽阔整洁，是休闲恋爱的好地方。但梅赫兰河畔却拥挤而纷乱，我走到丁字路口，不免犹豫起来。迎面而来年轻女士见我彷徨，问明来意，主动带我去诗人陵园。其实，她并不顺路，这份古道热肠，真让人感动。她叫瓦希德（Vahide），中学英语教师，毕竟善于“传道授业解惑”，知道如何同英语菜鸟沟通。临别，留下电话，让我参观完了去她家做客。

诗人纪念塔是现代建筑，由高低不同的拱形门重叠折合组成，看来正在维修期，周围挖得乱七八糟。门口有大不里士传奇诗人沙赫里亚尔（Shahriar）的白色雕像，底层大厅是诗人陵墓，据说已有千年历史，超过50名伊朗诗人、

◇上：《古兰经》博物馆，拱形圆顶插着绿色旗帜，周围落满鸽子，正面两角有碉楼样宣礼塔。里面收藏了各个时期不同版本的《古兰经》和波斯书法作品。
◇下：诗人纪念馆是座现代建筑，似乎又要维修，周围挖得有些凌乱。

神秘主义者、科学家和神学家在此安息，如阿萨迪（Assadi）、哈加尼、霍曼（Homan）、马尼（Mani）等。可惜的是，还有400多名其他学者诗人的坟墓已经迷失在频繁的地震中。

大厅中央有沙赫里亚尔的石冢，1988年他离世那天被命名为“国家诗人纪念日”。许多人手扶围栏，低头默哀。其实，这里叫诗人博物馆更为贴切，四壁悬挂诗人学者的画像和简介，纪念品店里有他们的作品。

古代波斯人不仅能征惯战，而且善于吟风颂月。我甚至觉得，街头衣饰整洁气宇轩昂的伊朗人都是诗人。唐五代花间派词人李珣就是波斯籍，人称“李波斯”，其祖上隋时来华，唐初改国姓李。且看他的一首《南乡子》：

相见处，晚晴天，刺桐花下越台前。

暗里回眸深属意，遗双翠，骑象背人先过水。

小令颇具情致。知否？当年的南粤也曾大象成群，寻常人家的小姑娘都可以骑象过水。如今的广州越秀山，真个是“落花流水春去也”。李珣还是个药贩子，著有《海药本草》，那时他就开始往中国贩卖开心果和藏红花了。

想起同为雅利安民族的印度人，为了保持种族纯正，搞出来个“种姓制度”，结果印度成了“人种博物馆”。放眼街头，黑压压一片，鲜有金发碧眼的雅利安特征。倒是丰神俊朗的波斯人，颇有绅士风度，看起来特别养眼。

隔壁是赛义德圣陵。建筑比较奇特，只有一座宣礼塔，像尊独角兽。门口有办公室，女人换了长袍才可以进去。内部有镜面装饰的拱形顶，石棺放在金银焊成的绿色笼子里。几个人坐在地毯上看书，看到我进来，微笑点头。

在此向南穿过学校和医院就到了恺加博物馆，似乎谁家的小院落，一扫别处的刻板与严肃，可惜过了营业时间，不能进去。

回到诗人纪念塔，想起和瓦希德的约定，不知道如何联系，却有个小伙子过来搭讪，正好让他打个电话。瓦希德让我在门口等候，五分钟后过来。我坐在石凳上休息，几个摆摊子的年轻人端来茶水，加入方糖让我饮用。见惯了尔虞我诈和冷漠无情，伊朗的每时每刻都让人感动，他们像自家兄弟，完全用不着设防。

◇赛义德圣陵，建筑比较奇特，只有一座宣礼塔，像尊独角兽。

# 漂亮的阿塞拜疆族**姐妹花**

不要和一位忧郁的友人长坐。
当你去往花园，
你是去看刺还是去看花呢？
花更多的时间和玫瑰与茉莉在一起吧。

——鲁米

瓦希德身着红色的中长外套，开辆半新汽车，带着她最小的妹妹，让人想唱《达坂城的姑娘》。但是，她说家里来了什么人，不是很方便，先带我去逛巴扎。实际上，我很想去她家里，看看传统的阿塞拜疆族家庭，可惜事与愿违。好吧，才七点多，巴扎里的店铺已经收起了卷闸门，走廊里空旷寂寥。这头进去，那头出来，碰到她丈夫的叔叔。波斯颇多礼节，一堆客套话甚至让中国迂腐的规矩也甘拜下风，这老爷子繁复热情的问候，让我有些手足无措。

她可能刚学会开车，或是拉了我这个外国人有些紧张，起步停车总容易熄火，甚至掉进坑里，路边的小伙子不失时机地坏笑。那家伙双手抱拳抵住额头，闭着眼睛装做祈祷，见车子跳出来，幸灾乐祸地说：“千万别再掉下去啊，哈哈哈！”

我提议去攻略中推荐的餐馆吃“烤爸爸”，瓦希德说既贵又不好，带我去稍远点儿的地方。她是地头蛇嘛，我自然没有异议。正是下班高峰期，路上堵得厉害。她为了让我领略大不里士的风貌，特意经过城市博物馆、测量博

◇瓦希德和她还在读大学的妹妹，我和她俩共进晚餐。

物馆、民风博物馆、浴室博物馆和对外贸易中心。

餐馆几乎在郊外，类似于大排档。如在广州，这种地方多以农家菜和果子狸吸引城里人，只有喜欢美食的回头客才能找到。瓦希德熟门熟路，可见伊朗人对美味的追求不亚于广东的饕餮之徒。妹妹今年 18 岁，在大不里士大学读计算机信息专业，她有些腼腆，只是微笑。姐姐去停车，我和她说话，但她几乎不懂英语，急得抓耳挠腮。

餐位就像西北乡下的炕，"炕"上有方桌。谦让一番，我们便上"炕"，这姐妹花半跪，而我则盘腿而坐。"烤爸爸"种类很多，她为我点了"Kubide"，读音如"苦逼呆"。好像约定俗成，伊朗人吃烤肉几乎都喝酸奶，我受不了涮锅水样的味道，便要了本地可乐。反正只要不吃难以下咽的酸奶和酸黄瓜，我就不会"苦逼呆"。

"大不里士的工资水平如何？"说到"苦逼"，我便关心起伊朗人民的生活水平来。

她摇头苦笑："好可怜啊，我的工资只有 500 万里亚尔。"她是高中英语老师，城市中产阶级，薪水约合人民币 1000 元，相对于中国，确实偏低。她补充道："钱虽然不多，但在大不里士还可以。"我忍不住又问："大不里士的房价如何？”

她想了想，认真地说：“大巴扎附近每平方米约 1300 万里亚尔。”折合人民币约 2600 元，这可是最好的地段，中国还有这个价格的房子吗？大不里士为伊朗第四大城市，对瓦希德来说，三个月工资能买 1 平方米，比中国的情况要好，但亚兹德老城的房价为什么要 5000 万里亚尔？我所知道的德黑兰市区的房价超过 1 万元人民币。

我拿出明信片，让她俩挑自己喜欢的图片。瓦希德选择江南水乡，妹妹喜欢西部落日，我写上联系方式并签好大名，送给她们。瓦希德接着问我：“你去过那么多地方，是不是有很多很多钱？”我也曾有过类似的看法，譬如看到来中国旅行的外国人，就以为他们很有钱。

我解释道：“我是背包客，以最经济的方式旅行，我们自己叫穷游。”

“穷游？国际大酒店可是我们这里最贵的地方哦。”

我表示委屈：“被逼无奈嘛。你知道，昨晚我转了两个小时，敲遍大不里士，别的旅馆都没有房间。”

她用手指推了推眼镜，笑意盈盈：“是的是的，明天是伊朗的公众假期，许多人来大不里士度假。”可惜，我没有在意这句话，以致后面吃尽苦头。她又问我的机票价格，我说买了伊朗马汉航空公司的特价票，约 2000 万里亚尔，她还是觉得太贵。我问：“你敢不敢独自背包旅行？”

她将头摇得像拨浪鼓：“我们可不行，一定要有家人陪着才能出去。”怪不得她们对我这样的背包客充满好奇。显然，她几乎不可能实现“一次说走就走的旅行”，更不可能“灵魂和身体，总有一个在路上”。她问我明天的行程，建议去戈利（El-Goli）公园，对坎得万村却不以为然。

我说中国有个成语叫“秀色可餐”，用英语说了半天，估计她听成了“漂亮的女人能当‘烤爸爸’吃”，翻译给妹妹听，两人笑得花枝乱颤。

说到大不里士、丝绸之路、中国商品。真没想到，伊朗与中国山水相隔，居然有如此紧密的联系，而且从古至今没有断绝，从西汉官方的张骞到背包穷游的我，这期间的脉络真是剪不断、理还乱。

餐费 60 万里亚尔，因为提前声明由我来结账，瓦希德没再争执。回程时又特意经过大不里士大学，再送我回宾馆。

# 和波斯人打羽毛球

我最终放弃了去坎得万村。

戈利公园在大不里士东南 9 公里处。我拿着酒店服务员画的地图，顺利找到公交站。伊朗的公交车男女分开，男人坐前面，女人坐后面，票价仅 2000 里亚尔，约合人民币 3 角。到站后，司机交代同车的年轻人带我过去；而轮换车的司机则叫我上车，因为公园在对面，这样就不必走路了。如此好心，让我都不甚习惯。

公园建在山坡上，占地 5 万多平方米，里面有 12 米深的人工湖，各种设施围绕湖面展开，倒也清爽宜人。恺加王朝时期，米尔扎（Mirza）王子曾在此修建夏宫以避暑；巴列维大概也常来度假，因他在位时公园得以重修；伊斯兰革命后，公园成了市民休闲娱乐的场所。

湖心有个宏伟的六角形建筑，用来做餐饮和纪念品商店。顺着东侧的水泥台阶上去，就是山顶公园，里面有健身设施，许多人正在锻炼。这可苦了女士们，即使锻炼，也要穿着长袍。身着运动服的白领阶层，长裤外再套件短裙，实在不太方便。

登高而望，土黄的山峦如屏风，大不里士尽收眼底，参差十万人家。从远处的正在活动的脚手架来看，一切还在建设发展中。与其他城市相比，大不里市更为现代，建筑的主旋律不再是恢宏的圆顶清真寺，而是鳞次栉比的高楼大厦。附近是游乐场，巨大的摩天轮让人暂时忘却那些若有若无的祈祷声。

一个漂亮的小女孩踩着旱冰鞋快速滑过，她大概有 10 岁了，没有戴头巾，穿着短裤，像鸟儿般飞来飞去。看来，伊朗未来的主人翁，对传统的宗教生活了无兴趣。

《一千零一夜》中说："有鸣禽歌唱，鲜花绽放，清泉流淌"的花园，大概就是这里。

许多家庭正在草地上野餐。瓦希德昨晚说今天是伊朗假期，难怪公园呈现出节日的气象。踢球的、练武的、骑车的、散步的，不一而足。前面空地里居然有人在打羽毛球，这可是广州的市球，赶紧过去观战。几个人正在捉对厮杀，谈不上水平高低，更何况有风。这不，一位高个子男士没接到球，踉踉跄跄，一屁股坐在地上。机会来啦，我过去将他拉起来，让他靠边站，我来"教训"对手。

◇小女孩脚蹬旱冰鞋，像风一样飞来飞去，谁还认为他们的生活不够精彩？

这两人大概是情侣，女子身形略胖，运动帽上搭条头巾，勉强应对教规。然而，羽毛球比我想象中难打。我处于逆风位，对方稍微用力，塑料球飞得又高又远，很难接到，不留神还会摔跟头。几个回合过后，找到了应对方法，只要平抽，就能将风的因素降到最低，而且激烈精彩。当然，压力还在我这边，我抽过去的球速慢，她打过来的球速快，但已经能够应付了。

中东国家，数伊朗的羽毛球项目突出，至少能参加赛事。譬如2010年广州亚运会，伊朗就派出羽毛球队，虽然成绩差强人意。有个伊朗小伙子代表伊拉克队参赛，接受媒体采访时说，比赛吃饭都是一个人，没有教练，没有队友，曾让许多球迷感动。

女子累了，男士将她换下。这家伙自以为人高马大，很有风度地将我调到顺风位，可他哪里是我的对手，我将球抽得飞快，不一会儿，他便气喘如牛，我也见好就收，和他俩告别。我暗自得意，足球我们甘拜下风，羽毛球你们总得俯首称臣吧，哈哈！

山顶有水，洗把脸，再喝上几口。没错，伊朗的自来水可以直接饮用，公共场合，都有直饮水龙头，伊朗人用手稍加遮拦，水就流进嘴里。

卡尚（Kashan）的玫瑰节早已结束，但大不里士的玫瑰放慢了脚步，山坡上还有半垅，开得正闹。几个老人在这里野餐，中间搭只煤气炉子，壶里的水呼噜呼噜冒着热气。老人叫我坐下，问我从哪里来，然后倒一杯茶、加几块方糖给我。真是"瞌睡扔过来个枕头"，这杯茶多么让人难忘啊。

莎芭（Saba）冲我招手，要我给她全家拍照。我回头瞧见，不由乐了。真是幸福的九口之家，可谓"四世同堂"。老奶奶包裹得严严实实，只露出半张脸；中年妇女虽然是长袍，但随意得多；莎芭辈则尽显时尚，紧身裤，运动帽，黄色头巾基本没有伊斯兰的影子；还有个抱着皮球的小男孩，不时挤眉弄眼。莎芭是个美丽的精灵，直教人想唱"村里有个姑娘叫小芳"。她显然细心打扮过，牙齿镶着钻石，微笑的时候，光芒四射。毫无疑问，这家人比较富裕，带着旧社会的贵族气息。

波斯女子不仅貌美，且善于侍酒。连疏狂浪漫的李白都频繁光顾，"落花踏尽游何处，笑入胡姬酒肆中"，记得谁说这"胡姬"极有可能来自波斯。"胡姬貌如花，当垆笑春风"，也许牙饰确实能使微笑更为甜美，莎芭露齿一笑，眼睛似乎会说话，一池绿水亦为之荡漾。临别，莎芭留下邮箱，要我给她寄照片。

坐公共汽车回到酒店。结账时，前台居然算我一天半，说早上八点前入住算半天。怪我当时没问清楚，各种理论未果，只得付钱走人。打车到南部的长途汽车站，还没进门，一个工作人员上前问我去哪里，我说哈马丹，又问什么名字，答以中文。还没反应过来，他居然迅速写了张票，喊停前面已经启动的巴士，将我推到车里。

然而，更为离奇的故事还在后面呢。

◇戈利公园的清晨，人们在湖边散步。

◇莎芭一家九口出来郊游，从家庭女眷的装束，大概可以看到伊朗社会的变化。

◇漂亮的莎芭，她的眼睛会说话，牙齿镶了钻石。我想着，她的祖上或许是波斯贵族。

# Hamadan 哈马丹

我突然有些伤感。此地一为别，孤蓬万里征，不知何日再得相见？我和索罗士拥抱，按照当地人的习惯，亲吻索鲁士的面颊。索罗士也吻我，然后拉开车门，让我落座。

# “昼夜是逆旅的门户”

天地是飘摇的逆旅，
昼夜是逆旅的门户；
多少苏丹与荣华，
住不多时，又匆匆离去。

——《鲁拜集》

伊朗的公路运输非常发达，譬如这辆巴士，航空座椅，空间宽敞。但我还是不太放心，问旁边的乘客去哪里，他说德黑兰。这还了得！拿出车票追问司机。他不懂英语，打个手势，示意少安勿躁，保证将我送到哈马丹。前排身着黑色长袍的中年女士能说英语，她微笑着：“没有问题，中途转车就可以。”好吧，我相信女士，她的话就像定心丸，我姑且放下心来。

约四个小时后，司机将车停在高速路口，叫我去前面的收费站转车。收费站有对情侣模样的年轻人已在等待，便和他们结伴拦车。然而，过了近半个小时，还是没有巴士经过。年轻人告诉我，今天是公众假期，车辆很少。该死的假期！我有些奇怪，难道伊朗放假，交通部门也跟着休息？收费站的热心人也如是说，我不免彷徨起来。

有出租车来。从哈马丹去外地，先打车到路口再转乘长途巴士。年轻人跟出租车司机商量，到哈马丹市区每人 20 万里亚尔。我嘟囔着，从大不里士到这里才 20 万。司机见我犹豫，不知道拨通了谁的电话让我接。里面问，哪国人？去哪里？我逐一回答。最后又问，觉得什么价格合适？一时语塞，赶紧将电话交给司机。我想什么呢？既然没有巴士，何不尝试搭车？运气好极了，就像瞌睡碰到枕头——一辆白色的标致停下来，年轻人和司机跑过去帮我说话，车主招手让我上车。

谢过这群好心人，赶紧落座。车主叫米兰德（Milande），三十来岁，副驾座上是漂亮的女主人，说话慢声细语。看来还在享受二人世界，夫妻俩去克尔曼沙赫（Kermanshah）度假。收费站距哈马丹200多公里，米兰德将车速控制在百公里左右。他车上有伊朗特有的玫瑰茶，这个细心的人，中途停车专门为我买来一次性杯子。在伊朗旅行，不论顺境还是逆境，总有让人难以忘怀的故事。确实，我一直在感动中度过。

大家英语都不太好，有一搭没一搭地说话。时间过得很快，两个多小时后，哈马丹到了。米兰德直接将我送到雅思（Yass）大酒店门口，我邀请他俩共进晚餐，可惜他还要赶很长的路，只好就此别过。我拿出明信片和小礼物送给他们，他写了张纸条，留下电话和“Facebook”，相互拥抱，行贴面礼。

米兰德很快消失在城市的车流里。我感觉有些落寂，就像欠了谁人的债。是的，这种很难偿还的感情债，最是让人难以消受。热情好客的波斯人又给我上了一课，让那些非议和造谣伊朗的谎言都见鬼去吧。

酒店客满。几个闲散的当地人围过来，问东问西，我便让他们打电话给我订房。结果，我能找到电话的酒店都没有房间，这可如何是好？不免心慌意乱，难道要露宿街头？

一个戴眼镜的中年人将我带到出租车司机跟前，交代他载我去找房间。也只能这样，我坐到车上，任由他拉着转悠。开始我还让他在市中心找，十余家酒店过后，便转向偏远地段，可还是没有，即使条件很差的小旅馆也客满。实际上，街边花园早已搭满了帐篷，估计很难找到房间。我尝试对司机说：“可不可以住到你家里？”他不太会英语，我手舞足蹈，他总算弄明白我的意思。

他开始打电话，我只听得懂“Chin”。最后，他摇了摇头，比画说有什么人在，不太方便。

我简直就是个“二货”，忘记了大不里士找房的经历，也疏忽了伊朗的公众假期，更不了解夏宫哈马丹。司机是文静的小伙子，无可奈何，开始找他的朋友想办法，甚至求助于路边晃荡的小痞子。他们倒没有恶意，只是东拉西扯，根本找不到解决我住宿的方案。

转来转去，已经找了两个多小时。情况与前晚不同，时间越晚希望越渺茫，我赖在车里，不知如何是好。日暮乡关，烟柳断肠，此际无端涌上心头，车窗外的万家灯火，与自己如此遥远。异国的土地，异国的文化，异国的美人，又如何能及故园的春梦？

司机将我拉到一家叫“Bamboo”的西式快餐店门前，一位浓眉大眼的小哥过来，问明情况，愿意带我去找住宿。又回到街上，此时人影稀疏，只有几个年轻人蹲在路边，似乎不务正业的二流子。这小哥跟他们商量半天未果，最后问我：“有个地方可以住，条件不好，但保证安全，早上八点前得起来，行吗？”我当然没有异议，于是又返回快餐店，原来他决定让我在这里和他打地铺。

该付车费了，我拿出一沓钱，让司机自己拿，多少随意。他倒不好意思下手，就由这小哥代劳。他只拿了25万里亚尔，司机用眼神征求我的意见。我说没有问题，和他拥抱道别。

小店面积不大，装修略显花哨，后面是厨房，地下有存储间，顾客以年轻人为多。这小哥叫索罗士（Soroush），得知我还没有吃饭，叫伙计拿来店里的快餐，长条面包里夹着蔬菜和肉卷。他告诉我，司机家在很远的乡下，他曾打电话给城里的亲戚求助，但亲戚家也来了亲戚。我才明白，他当时打电话，是向亲戚求助。

午夜时分，最后一个食客终于散去，小店打烊了。我和索罗士将桌椅移到墙角，中间空出来的位置就是今晚的卧榻。看来他经常在此过夜，备有毯子和被窝。稍事梳洗，他睡门口，我睡里面。

月黑风高，我安然入眠，连梦也不做。

# 米底王国的“藏宝书”

波斯人告诉世界，古伊朗曾经有座用黄金铸就的城市，即伊朗最初的国家——米底王国的都城埃克巴坦纳（Ecbatana），也就是今天的哈马丹。根据亚述文献记载，哈马丹建于公元前1100年，历史学家认为这个时间还可以上推到公元前3000年。

西方“历史之父”希罗多德描述，哈马丹城的建造者是米底王国的创始人戴奥塞斯（Deioces）。他是部落首领的儿子，自幼聪明过人，长大后在部落中主持正义，被选为仲裁者。登上王位后，又强迫人们建造了埃克巴坦纳城，作为帝国的新都。

希罗多德是活跃在公元前5世纪的希腊历史学家，西方文学的奠基人。他把旅途中的所见所闻和波斯帝国的传说故事记录下来，著成《历史》，成为西方文学史上第一部完整流传下来的散文作品，估计此公也是背包客的先驱。毕竟是散文，所录多为道听途说，未必真实。

他描绘埃克巴坦纳城高墙厚壁，大圈套小圈，里面一圈比外面一圈高。波斯人给他介绍，哈马丹城共有七圈，最外圈的城墙为白色，长度与雅典城墙相当，第二圈黑色，第三圈紫色，第四圈蓝色，第五圈橙色，第六圈银色，第七圈包着黄金。戴奥凯斯的王宫，就坐落在镶嵌着黄金的城墙内。这些记录，将哈马丹城描述成美轮美奂的童话世界，似乎幸福的人们经常在七彩的圈子里捉迷藏。

根据同时代巴比伦人留下的楔形文字资料，以及《亚历山大远征记》记载，古时的哈马丹和两河流域的城市一样，没有七道城墙，没有金墙银墙。看样子，

◇坐落在公园里的哈马丹石狮，面目有些模糊，仍然有许多人前来参观。

没见过世面的希罗多德被波斯人忽悠了。

“哈马丹”波斯语意为“聚汇之地”，位于扎格罗斯山谷边缘，阿尔万德（Alvand）山北麓，多数时间，山顶上积雪皑皑。哈马丹也是连接东西方的商贸通道，为丝绸之路重镇。

阿契美尼德时期，大流士打造了三个都城：他的成长地夏宫哈马丹，用于避暑；波斯波利斯，用于庆典；冬宫苏萨，用以避寒。后来，哈马丹又成了塞琉古王朝的政治中心；安息帝国时期，哈马丹不仅成为王都，也是丝绸重镇。当然，哈马丹也历经战火，公元 1222 年被蒙古帝国的哲别（Jebe）和速不台（Subehedai）毁灭，只不过因其重要的地理位置和良好的自然环境得以迅速复活。

有人判断，哈马丹人当时聚族而居，部落或种族间以墙相隔。这种蜘蛛网般的东方民居，让希腊人当成海外奇谈。事实上，现在的哈马丹同样令人惊叹，仍然是伊朗最主要的城市，农牧业中心，手工地毯和陶瓷艺术的天堂。德国建筑师按六辐车轮形状设计，六条马路由中心向外辐射。大概受到古城

◇今天是公众假期——霍梅尼的忌日，波斯人拖家带口前来参观阿尔万德山下米底王国的藏宝书。

传说的影响，市区环城路围成三个明显的圆圈，颇有意趣。

“熟悉的地方没有风景”。睡眼惺忪的索罗士对于我的夸饰妙句不以为然，他只是微笑着摇头。为了不给他添麻烦，我六点多就醒了，他也跟着爬起来，说十一点才上班，有时间带我去玩。我推辞再三，这个固执的家伙还是要陪我逛街。

索罗士是典型波斯人，身材高大，相貌英俊。他的餐馆位置很好，在市南阿维森纳（Avicenna）陵墓和博物馆旁边，系与朋友合伙，生意还不错。我们一起出门，他带着 iPad，边走边翻看哈马丹地图。

按照顺序，先去城东南参观哈马丹石狮（Shir-e-Sangi）。街上有些清冷，虽然是初夏，可当晨风吹过时，凉意袭人。这夏宫果然名不虚传。

石狮广场是座公园，百花吐艳，绿树成荫。巨大的石狮子爬在方形基座上，面目很模糊，隐约可辨狮子模样。周围已有许多人，女多男少，指点闲评。

石狮是哈马丹的标志性文物，老得说不清年龄。相传为阿契美尼德或安息帝国的遗物，也有记录说由亚历山大的工匠雕成，用以纪念马其顿的一位阵亡将领。过去石狮安放在哈马丹的一个城门入口处，公元 931 年，席亚尔家族（Ziyarid）的马尔德 · 阿维奇（Mard Avij）占领哈马丹后，把石狮的爪子给砸了，1949 年才安置到这里。

伊朗人对历史的考证也稀里糊涂，这石狮子的简介就没有逻辑，加上很不规范的英文，让人云里雾里，摸不着头脑，如“Hamadan”，许多地方又写成“Hamedan”。

从公园出来，索罗士建议去看阿尔万德山崖的“甘吉纳麦”（Ganjnameh）。阳光已经铺满整个城市，街上还只有零散几个人，好不容易才打到车。经过阿维森纳（Bu-Ali-Sina）大学，看到一座火箭形的纪念碑。

索罗士说，这是巴巴 · 塔赫（Baba Taher）广场，建于 20 世纪。巴巴 · 塔赫是生活在中世纪的苏菲派诗人，伟大的神秘主义者，于 1019 年去世，他的诗歌流传很广。说话间，已经来到阿尔万德山脚。车费 10 万里亚尔，索罗士抢先付了钱。

山脚是个公园，芳花杂树，里面搭满花花绿绿的帐篷，露营的游客着实不少，此际还在做着他们的美梦。索罗士笑道：“昨天是霍梅尼的忌日，全国放假。你知道吗？哈马丹是夏宫，伊朗人又喜欢度假，所以你找不到宾馆，哈哈。”怪不得，伊朗人在假期里，也同样疯狂啊。我说：“这是真主的旨意，否则我怎么能认识你啊。”

阿尔万德山顶植被稀疏，土色连天。迎面山岩上有两块方形凹陷，里面刻满楔形文字，这就是流传很广的米底王国的“藏宝书”，仿佛谁人所盖印章。

楔形文字（Cuneiform）也叫“钉头文字”或“箭头字”，起源于公元前三千年左右的青铜时代。当时生活在两河流域的苏美尔人（Sumerians）用泥板画图记录账目，所用文字线条笔直而呈三角形，因形如钉头或箭头而得名。楔形文字起初自上而下直行书写，后来改为从左向右横行书写，字符旋转90度，从直立变成横卧。由于右手执笔，从左而右横写，笔画粗的一头在左，细的一头在右。楔形符号共有500种左右，多有几重含义，其准确意思只能根据前后内容判断，19世纪后被陆续译解。

“甘吉纳麦”波斯语意为“宝书”，长期以来，人们相信这两块楔形铭文中藏有找到米底王国神秘财富的线索。但楔形文字被解读后，才发现是大流士和薛西斯父子俩的自我吹嘘。这种简洁硬朗的楔形文字最宜石刻，尤其这种吹捧夸耀的广告词。

旁边有波斯语和英语注解：“伟大的阿胡拉·马兹达神啊，他创造了大地，创造了天堂，为人民谋得了幸福，他使大流士成为众王之王，世界之王。我是伟大的大流士王，众王之王，万国之王，天地之王，阿契美尼德希斯塔斯佩斯的儿子。”

右下方是大流士的儿子薛西斯的自我吹捧，除了将大流士改为薛西斯，其他字符基本没变。如果说大流士吹牛不打草稿，薛西斯吹牛简直就是照本宣读。从这段大话可以看出，薛西斯对大流士尊崇有加，甚至连吹牛都来个“复制粘贴”。

这爷儿俩简直就是“大话王”，有点歇斯底里，就算是宇宙之王，也用不着如此叫嚣吧？相对而言，中国人比较含蓄，将功绩归于天地，如古代帝王举行的泰山封禅大典，就是宣扬武功的政治活动。像波斯人这样将狂言直接刻在石头上，实不多见。也许，这就是两个民族的特点，波斯人直白、高傲，中国人含蓄、谦恭。

大流士在位期间是阿契美尼德王朝的黄金时代，也是伊朗历史上最为强大的帝国。除这段“大话”，他还在贝希斯敦（Bagastana）小村庄的石壁上刻了著名的“贝希斯敦铭文”，为自己歌功颂德。他自称“王中王，所有大陆的王”，被后人尊为“铁血大帝”。“薛西斯”波斯语意为“战士”，他子承父业，率大军进攻希腊，洗劫雅典。可是他也未能征服希腊，“萨拉米海战”失败后，阿契美尼德王朝趋于衰落。薛西斯最后死于宫廷政变，基督教认为他可能是《圣经》中提到的波斯国王“亚哈随鲁”（Ahasuerus）。

“藏宝书”不远处有个小瀑布，索罗士鼓动我去看。也许是自然条件严酷，水资源稀缺，当地人非常亲水爱水，在瀑布前流连忘返，戏水合影。我告诉索罗士，中国有非常美丽的自然山水，各地的瀑布要比这里的壮观得多。他睁大眼睛反问：“真的吗？”

我问索罗士如何看待自己的宗教，他说：“伊朗人多数背着伊斯兰教的空名，真正虔诚的信徒没那么多。我不否认不礼拜不祈祷。”哈，这家伙原来是“三不”男人。他说还有个漂亮的“阿里·萨迪尔”（Ali-Sadr）溶洞，问我想不想去？我对岩洞没有兴趣，便说先回市区。

索罗士抱怨不仅美国和以色列欺侮他们，连周围的阿拉伯国家也跟着起哄，只有中国人是他们的朋友。这倒也是，中国和波斯关系友好，往来密切，真可谓“自古以来”。说到激动处，索罗士握紧拳头：“打倒美国，打倒以色列。”

时间已然不早，我让司机随意找间大点的酒店停车。这回我终于抢先付了车费，但索罗士要回他的店里，不能和我一起早餐。挽留未果，只好独自用餐。

半小时后，索罗士又返回来，带我去看阿维森纳（Avicenna）陵墓和博物馆。

# 黄金城的秘密

西方人叫他“阿维森纳”，而伊朗人则称为“伊本·西纳”（Ibn Sina），他是“精通多学科”的天才，在哲学、文学和医学等诸多领域成绩斐然，著述多达450部，传世240部，其中《哲学、科学大全》是当时高水平的百科全书，《医典》直到17世纪还被西方国家当作教程。此公研究范围广泛，作品涉猎几何、算术、天文、音乐等学科。

阿维森纳是税务官的儿子，公元980年出生于今天乌兹别克斯坦的布哈拉（Bukhara）附近，从小受到良好的教育，十岁能背诵全部《古兰经》。他生活的年代相当于中国历史上经济文化最繁荣的北宋，中国当时发明了活字印刷术、黑火药和指南针，沈括完成了他的科学著作《梦溪笔谈》。而此时的欧洲，骑士们还在天主教堂里唱赞美诗呢。

与同时代的中国文人墨客相比，阿维森纳命途多舛，当时阿拉伯帝国四分五裂，墙头大王旗更换频繁。他先后经历过阿拔斯、萨曼（Samanid）、伽色尼、布韦希（Buwayhid）等王朝，虽然为统治者服务也会带来名誉、金钱和研究的机会，但因社会动荡和被人陷害，一生颠沛流离甚至入狱。公元1037年，阿维森纳随统治哈马丹的布韦希亲王沙姆斯（Shams al-Dawlah）出征时死于腹绞痛。

阿维森纳陵墓在城市南边，建于1953年，前面是园林，后面平房就是博物馆和陵墓，屋顶有座卡布斯拱巴德（Gonbad-e Qabus）式空心尖塔。我拿出钱让索罗士买票，原以为有他陪着就能享受本地人的待遇，结果进门还是被拦住，工作人员让我补票。

伊朗人向来敬重科学家，又逢公众假期，阿维森纳陵墓人流如织，摩肩接踵。博物馆中央有块写着阿拉伯语祈祷词的石板，下面就是阿维森纳灵柩，旁边是他早期的纪念碑。周围有文字和图片介绍，还有许多草药标本和医疗器械，墙上挂着漫画式的手术场景，如阿拉伯医生正在移除病人舌头上的囊肿画面，颇有意趣。

波斯医学与中医相似，使用许多当地草药，如艾蒿、车前子及矿物类药物。据说阿维森纳做过一个关于心理学的试验，以证明不良环境对生命状态的影响：选两只体质相同的小羊，一只与狼为邻，一只寂然独居，结果与狼为邻的小羊日趋憔悴直至死亡。

联合国教科文组织把阿维森纳、屈原、莎士比亚和达·芬奇列为“世界四大文化名人”。内室有这位科学家的肖像画，许多人挤在这里拍照。我很快

◇左：一家三口在阿维森纳画像前合影，以沾点他的学者气。
◇上：阿维森纳博物馆墙壁上的漫画，这是治疗口腔疾病的场面，一个阿拉伯人舌头上长了个瘤子。
◇下：治疗胳膊脱臼的场面。

◇阿维森纳博物馆，前面是园林，后面平房就是博物馆和陵墓，屋顶有座卡布斯拱巴德式空心尖塔。

◇伊玛目霍梅尼广场中央的艺术雕塑，几个当地人从旁边走过。

就成了明星，被当地人拉着合影，倒冷落了旁边的索罗士。

从阿维森纳博物馆出来，往北是霍梅尼广场，正中有座圆桶状雕塑，看起来很“革命”。周围有霍梅尼、革命群众、战争年代、“藏宝书”、石狮等浮雕，旁边还有位穿着黄袍的流浪歌手正在声嘶力竭地卖唱。再往北不远，就是赫格玛塔纳（Hegmataneh）山，有米底王国的古城遗址。

米底人赶着马车牵着猎犬来到伊朗高原，因亚述帝国入侵，各部落走向联合，形成雅利安人最早的国家——米底王国。历史学家通常以戴奥塞斯的儿子弗拉欧尔特斯（Phraortes）作为米底王国的创立者，他征服波斯部落，在埃兰与亚述帝国作战时阵亡。其子基亚克萨雷斯（Cyaxares）继位，定都埃克巴坦纳，波斯语“赫格玛塔纳”，也就是希罗多德笔下的黄金城市哈马丹。善战的米底人将军队细化为步兵、射手和骑士，组成能够协同作战的米底军团。

公元前8世纪，亚述、米底和新巴比伦三足鼎立，其实就是西亚版的三国演义。为对抗亚述帝国，米底和新巴比伦唱起了《甘露寺》，新巴比伦国王尼布甲尼撒二世（Nebuchadnezzar Ⅱ）迎娶了米底公主。公主自小生活在伊朗高原，听惯了远山的呼唤，嫁到两河流域有点水土不服，终日郁郁寡欢。据说，尼布甲尼撒为搏美人一笑，建造了著名的空中花园。政治联姻是古人套近乎常用的招数，这倾城倾国的笑容也非中国独有。

公元前 7 世纪，两国合力灭掉亚述。亚述人从此消失在历史的长河中，也有说散落在土耳其、叙利亚、伊拉克和伊朗境内的库尔德（Kurd）民族就是亚述人后裔。与哈马丹西北接壤的库尔德斯坦省，就是库尔德人世居地，现在仍然是中东不稳定因素，经常受到土耳其等国的打击。

米底人继续向西进攻，与吕底亚打了七年。公元前 585 年 5 月 28 日遇到日全食，正在厮杀的双方以为天降祸端，赶紧握手言和。接下来的历史，被居鲁士大帝改写。

索罗士让我上山参观，他则在厕所旁边的祈祷厅里等候。伊朗的公共建筑附近都有清真寺，就算微小如厕所，也会建座祈祷厅，以方便虔诚的穆斯林。

所谓遗址，就是掩埋在山丘上的古城堡，现在只有挖掘出来的纵横交错的泥砖建筑，标注了广场、院落、通道等设施。北边发现的哈夫特·帖尔（Hafte Tir）广场和古老壁垒，隐约可见米底和阿契美尼德时期的城郭风貌。事实证明，早期定居伊朗高原的米底人只会用泥巴建造城堡，与希腊人笔下的黄金铸城相去甚远。

赫格玛塔纳城堡中央尚在挖掘中，搭起许多铁架子，还盖了顶篷予以保护。里面有座浮桥，北门进，南门出。东南方是博物馆，考古学家根据出土的陶瓷器皿和金银书板推断，阿契美尼德君主们的财库曾设在这里。据发现的雕像推断，这里可能是安息帝国早期的堡垒，而且也是萨珊王朝的军事中心，伊斯兰时期依然非常重要。

南边有座天主教堂，是休息的好地方。哈马丹为多民族聚居地，除了波斯人，还有土耳其、库尔德、亚美尼亚和犹太人。教堂是信奉基督教的亚美尼亚人的精神家园，不过这教堂的建筑风格不三不四，也是“一头骡子”。

据说，出土的古城遗址不过冰山一角，大部分仍然深埋地下，埃克巴坦纳不仅是个传说，而且还封存着天大的秘密。如此说来，所谓“藏宝书”并非空穴来风，最少让那些挖空心思写小说的家伙有了编故事的题材。

# 阿达尔月的忏悔

遍寻不见索罗士，窗口热情的售票员帮我打电话给他。原来他等得心焦，自己先走了。售票员得知我来自中国，立即做出个武打动作，嘴里嚷着“Bruce Lee”。许多人对中国的认知先从功夫开始，在他们眼里，李小龙和他的功夫就是中国的代名词。

售票员见我拦不到出租车，又跑出来帮我。他很快叫到了车，我让司机先到夏里阿特（Shari‘ati）大街的犹太圣墓。左转右转，汽车最终停在一条繁乱的巷子里。据说这里曾是犹太人聚居区，砖石结构的建筑基本伊斯兰化，没有明显的犹太特征。

院子里有几丛玫瑰，深红和粉红竞相斗艳。犹太圣墓是砖石结构的圆顶建筑，看起来比较简单。旁边有座奇怪的雕塑，两个错落叠放的三角形，这就是犹太教和犹太文化的标志——大卫王之星，以色列国旗正中的图案也是这种象征国家权力的蓝色六角形。

入口低矮而神秘，就像山洞，洞口有石门，门上有小孔，孔内有机关。消瘦的守墓老爹打开锁，转动铁条，露出小孔，启动机关，沉重的石头门往里洞开。我脱了鞋子，跟在老爹后面猫着腰进入圣陵，同时进来的还有对情侣模样的波斯人。这里只是纪念堂，铺着地毯，两边摆着椅子。墙壁有希伯来文（Sabra）书写的“圣经十诫”，显眼处以古波斯文书写第一诫“爱你的邻居”。

室内有道低矮的门，里面才是墓穴。老爹打开锁，做了一个请的手势。

这犹太圣墓其实是以斯帖（Ester）和她叔叔马尔杜查（Mordechai）的陵寝。

两张雕满花纹的褐色台座上放着灵柩，表面覆盖红布。模样都差不多，近门为马尔杜查，里面则是以斯帖。

犹太老爹告诉我，圣墓里面的石门、梁柱、天窗等都是两千多年前的原物。以斯帖和马尔杜查墓是犹太人在伊朗最重要的朝觐圣地，全世界犹太人常来这里朝拜。

公元前 6 世纪，犹太人两度被新巴比伦国王尼布甲尼撒二世征服。公元前 587 年，巴比伦人第二次进军耶路撒冷，将犹太王国大批民众、工匠、祭司和王室成员掳往巴比伦，这就是历史上著名的“巴比伦之囚”。从古到今，犹太人总是难逃被征服的命运。

后来，居鲁士灭新巴比伦，发布文告，释放 4.9 万犹太人回归故国，允许他们在耶路撒冷重建圣殿。他还把尼布甲尼撒二世从耶路撒冷耶和华圣殿里掠夺来的 5400 件金银器皿交给犹太人带回，一部分不愿回归的犹太人继续生活在波斯境内，哈马丹就是他们最早的定居点，宽容大度的居鲁士因此被《圣经》称为“上帝的工具”。

这件事记录在著名的居鲁士石柱上，是最早关于宗教和民族平等的法令，世人称其为第一部“人权宪章”。与之相比，西方国家所谓的“人权”，就如一纸笑话。实际上，波斯人与犹太人交往二十多个世纪，此前鲜有战争和冲突，更多的是文化与宗教往来。

现在的伊朗政府对人们的宗教信仰还算宽容，允许其他宗教共存。伊朗宪法规定：“伊朗的国教为伊斯兰教，属十二伊玛目派，这是永久不可变更的原则。而伊斯兰教其他支派……均受到宪法尊重，这些学派的信徒可以根据自己的法学规定，在举行自己的宗教仪式方面拥有完全的自由。”“信仰拜火教、犹太教、基督教的伊朗人只作为少数宗教信仰而被承认，在法律范围内拥有履行自己宗教仪式的自由，在个人事务和宗教教育中可以根据其宗教教规行事。”

伊朗境内除伊斯兰教，还有拜火教、基督教和犹太教。

我问犹太老爹，哈马丹现在有多少犹太人？他说，德黑兰、设拉子和伊斯法罕约有 7 万，哈马丹现在只有 5 个家庭 15 个人。以色列曾“号召”世界各地的犹太人“回家”。事实上，他们的前总统卡察夫（Katsav）就出生在伊朗。

◇犹太圣墓是砖石结构的圆顶建筑，旁边有犹太教和犹太文化的标志——大卫王之星。

薛西斯在位时，犹太少女以斯帖被选为皇后，但很快就失宠了。其养父马尔杜查因为不肯向当时的宰相哈曼（Haman）跪拜，这宰相肚里撑不了船，于是怀恨在心，奏请杀死所有犹太人，薛西斯居然准奏。哈曼欲在十二月，即“阿达尔”月（Ader）13 日杀犹太人。以斯帖别无选择，禁食三天，号召所有犹太人也如是做，以示忏悔。她随后觐见国王，揭发哈曼的阴谋。经以斯帖恳求，薛西斯改变旨意，下令将哈曼等人处死，犹太人躲过一劫。

各种迹象表明，薛西斯对大流士非常尊崇，但他没有继承老爸的文韬武略，这件事暴露了他的反复无常和优柔寡断。虽说“治大国如烹小鲜”，但岂能朝令夕改，视国法如儿戏？何况居鲁士大帝颁布了最早的“人权宪章”，可谓令出如山，世人拜服。

犹太教将每年的阿达尔月 14 日定为“普珥节”（Purim）。“普珥”意为“许多”，因为哈曼在决定杀光犹太人的那天扔出许多签。普珥节是犹太历法中最欢乐的民间节日，庆祝方式包括饮酒、欢宴、盛装、假面、施舍和互赠食品等，而在 13 日，正统犹太教徒会禁食。

犹太人的休息日叫“安息日”（Sabbath）。根据《旧约》，星期六是上帝创造万物后的第七天，上帝于此日休息。星期五日落开始，星期六日落结束，这个时间段犹太教徒会点蜡烛。

看门老爹喜欢收集各国硬币，向我伸手索要。但我身上已经找不出硬币，只好往捐款箱里塞了5万里亚尔。

从墓室出来，看到一支送葬的队伍，有四五十人，浩浩荡荡，颇为壮观。成员多年过半百，穿深色服装，看上去庄严肃穆。透过车窗，我只隐约看到最前面的黑色棺木，有人拿着麦克风，大声祈祷，后面有人高举音箱，也许想让远在天国的真主听到吧？

什叶派穆斯林以为，人的灵魂是永生的，死亡只是换个活法。葬礼要请二三个经师祈祷，以请求真主怜悯逝者，宽恕生前罪过，或者摆事实讲道理，说服真主。送葬时，抬棺人会喊“万物非主，唯有真主”“真主至大”，眼前这一幕，大概边祈祷边叫真主。因亡灵进入天国前要被审判，为了减轻逝者痛苦，家属制作甜食，在第三、七、四十日或周五晚及忌日施舍无家可归者。40天后，举行特殊仪式，重述侯赛因殉教壮举，仪式后亲属才恢复社交活动，但丧服要穿到周年仪式结束。

我回到索罗士店里，他赶紧放下手中的活计，问我要不要吃饭。我说：“不吃了，得赶紧去德黑兰，免得又找不到住宿。”他拎起我的背包，送我出门。

我突然有些伤感。此地一为别，孤蓬万里征，不知何日再能重逢？我和索罗士拥抱，按照当地人的习惯，亲吻索罗士的面颊。索罗士也吻我，然后拉开车门，让我落座。车开了，司机居然特别善解人意，没有立即加速。已经走出很远，回头看时，索罗士还在路边挥手。

司机将我送到售票处，正好有辆豪华巴士将要启程。

◇阿维森纳画像，联合国教科文组织把阿维森纳、屈原、莎士比亚和达芬奇列为"世界四大文化名人"。

# *Tehran* 德黑兰

德黑兰人说，穷人住山下，富人住山上，国王住山腰。老王宫就坐落在雪山腰，山顶的积雪化成清泉，带着皇室的尊贵气息，经巴列维大街流入德黑兰的寻常百姓人家。

◇上：位于德黑兰自由广场上的自由塔，为纪念波斯立国 2500 周年而建，看起来像条“喇叭裤”。
◇下：面积达 5 万平方米的自由广场，可容纳数十万人，周围插满伊朗国旗。

# 波斯帝国的“喇叭裤”

啊，爱人哟，请再浮此一觞，
解除昨日的后悔，明日的愁肠；
啊，明日呀！明日的我呀，
许已同七千岁的生前一样。

——《鲁拜集》

今日周末。伊朗人每周工作5天，和我们不同的是，周四、五休息。不过，伊朗的节日很多，每年法定假期多达26天，有近一个月时光欢度节日。最重要的民族传统节日是伊朗太阳历1月1日的“新日节”，即公历3月20日或21日，法定假期为4天，随后又逢3个全国性节日，放假7天，直至13日过完“躲鬼节”。

“新日节”相当于我国的春节，波斯语叫“诺鲁兹”（Nurouz），意为“新的一天”，来源于拜火教，最少流传了3000年。和我们一样，除夕也要吃丰盛的“团圆饭”，桌上摆“哈夫特辛”（Haft Sin），即沙枣、麦苗、苹果、食醋、大蒜、钱币、香料等七种象征“好意头”的东西，以及代表前程似锦的镜子、蜡烛、彩蛋和金鱼。当然，也不可冷落了真主，虔诚的穆斯林还会摆放《古兰经》和伊玛目阿里的画像。

实际上，阿塞拜疆、吉尔吉斯斯坦、巴基斯坦、印度、土耳其和乌兹别克斯坦等国都会欢度“诺鲁兹”，只是没有回家过年、亲人团聚的习俗，所以也就不会产生“中国式春运”时的壮观景象。

说到交通，德黑兰是世界上最倚赖汽车的城市之一，堵车司空见惯。巴士艰难穿过周末的车流，终于停靠在西部汽车站（Terminal-e Gharb）。抬头望时，正好看到东南白色的阿扎迪（Azadi）塔，便走出车站，徒步而往。

“阿扎迪”意为“自由”。自由塔为伊朗建筑师侯赛因·阿玛那特（Hossein Amanat）的手笔，北京的伊朗驻华大使馆也是他的杰作。原是1971年小巴列维为纪念波斯立国2500周年而建，结合萨珊风格和伊斯兰建筑元素，时称国王纪念塔。伊斯兰革命后，“国王”成为历史，改名为自由塔。作为旧社会统治者“好大喜功”的见证，备受质疑。

塔高3层，距地面50米，正面用2500块来自伊斯法罕的大理石，以纪念波斯帝国的过往。每块石头都经过严格计算，以保证其形状，拱门顶采用传统的蜂窝状结构，塔身有流畅的装饰线条，底层为《古兰经》博物馆和电影院。有电梯和楼梯直达塔顶，可尽览城市风光。其实，塔的模样就像时髦的喇叭裤，穿过裤裆似的“伊朗门”，就算是进入伊朗了。

我更喜欢面积达5万平方米的自由广场，可容纳数十万人，周围插满伊朗国旗，中央是喷泉，一派节日气氛。大型聚会、庆典活动和国庆阅兵仪式，都在这里举行。

说到国旗，伊朗历史上有面充满传奇色彩的“卡维战旗”。传说阿拉伯暴君扎哈克（Zahak）统治时期，近墨者黑，他被恶魔亲吻过的双肩生出两条毒蛇，每天必须喂人头才能消停。铁匠卡维（Kaveh）有18子，其中17个被抓去喂了蛇。当硕果仅存的儿子又要被抓走时，卡维怒了，用木杆挑起自己的皮围裙，号召百姓奋起反抗。最终，铁匠推翻了扎哈克的残暴统治，这皮围裙便作为波斯战旗世代相传。

萨珊王朝时期，波斯军队每打一次胜仗，就在战旗上缀一颗宝石。但与阿拉伯人在卡迪西亚（Qadisiya）的战争中，统帅鲁斯塔姆战死，阿拉伯人为争抢珠宝，将卡维战旗撕成了碎片。

远山迷蒙，旗帜飘扬。自由广场是德黑兰的地标，东面是“伊朗的麻省理工学院”——谢里夫（Sharif）大学。2010年年初被遥控炸弹炸死的核物理学家马苏德（Masoud Ali Mohammadi），就是这所名校的博士。著名的阿扎迪综合体育馆也在附近，1974 年的第七届亚洲运动会曾在那里举行。

广场上游人稀少，有几个闲散的摄影师，跟他们打听“Azadi”地铁站的方向，结果还是迷了路。问来问去，一个“脸上横肉块块饱绽”的男子直接将我带到车站才挥手离去。

又来到霍梅尼广场，这回熟门熟路。沿阿米尔 · 卡比尔（Amir Kabir）大街往东，就是所谓“汽修一条街”。阿米尔 · 卡比尔是恺加王朝纳赛尔时期的首相，为“伊朗第一个改革者”。此公素有争议，据说他下令杀害了许多小孩。因其推行“渐进式改革”，触犯了王公贵族的利益，于 1852 被国王处死。许多城市都有以他命名的广场和街道，伊斯法罕的同名客栈广为背包客熟知，德黑兰市中心就有著名的阿米尔 · 卡比尔理工大学。

费罗斯（Firouzeh）宾馆距地铁口约十分钟路程，看到街道旁边的招牌，我便推门而入。老板叫穆萨维（Mouzavi），鼻梁上架副眼镜，见有客人进来，嘴巴咧到了耳根子上。厨房里有几个来自中国四川的女子，似乎正在做饭。打听房价，标间 70 万里亚尔。穆萨维挺客气，只是老式空调架在门顶的窗口上，用报纸遮挡，让人担忧，他说 20 分钟后就会开启。

几日劳顿，销形蚀骨，衣带渐宽，赶紧梳洗一番休息。

# 骷髅样的自由女神像

来到德黑兰，不能不去原美国大使馆。好莱坞大片《逃离德黑兰》，重现三十多年前的“伊朗人质危机”，同时也将这个地方重新推到世人面前。可以说，现代伊朗的诞生，与此地颇有瓜葛。

乘坐地铁 1 号线，从“Taleghani”站出来就是原美国大使馆，伊朗人称之为“间谍老巢”（US Den of Espionage）。美国中央情报局曾帮助巴列维国王和保守派发动政变推翻了首相摩萨台（Mohammad Mosaddegh），实际上，有八位美国总统为巴列维提供了大量的军事和经济援助，用以换取伊朗的石油

◇外墙涂满了炸弹、鲜花、士兵，两个波斯美女轻松交谈，毫不在意身后的“炸弹”。

供应和在中东的战略存在，直到1979年伊斯兰革命成功，美国人才逃离德黑兰。

铁门紧闭，上方写着“13TH ABAN Cultural Studentship Complex”，墙壁有“打倒美国”字样。透过围墙栅栏，看到长方形的两层红色砖楼，与影片中相若。由于很像美国20世纪三四十年代的高中，当时的美国外交官昵称其为“亨德森中学”——亨德森（Henderson）是使馆建成后的第一任大使。里面的建筑保存完好，据说伊朗还想着有朝一日能还给美国人呢。现在是“巴斯基”（Basij）民兵的学生文化教育基地，有时会在这里组织活动。

“巴斯基”是伊斯兰革命卫队领导下的志愿性准军事部队，由霍梅尼创立，成员遍布全国，是安全部队最有威慑力的分支力量。这个组织毁誉参半，其成员有不少是大学生。波斯历8月13日为学生占领美国大使馆的日子，从门顶的标牌看，似乎设立了专门的奖学金体系。

昨晚上网时看到麦冬，便相约在这里碰头。此际，她已经到了。

整个使馆区面积达10万平方米，墙壁画满反美涂鸦，轰炸、点燃、战士、霍梅尼、和平鸽，最经典的要数画成骷髅模样的自由女神像。有意思的是，美国国旗上的两星被以色列国旗代替，大概暗示“以色列是美国走狗”，而美国国徽被灰泥覆盖，已看不清最初的样子。原以为会戒备森严，但我们嘻嘻

◇原美国大使馆外墙涂成骷髅样的自由女神像，打听怎么去原美国大使馆，比画一下骷髅样的自由女神像，当地人就心领神会。

哈哈，拍拍摄摄，未见有人干涉。匆匆路过的上班族，看到我们，只作友善地一笑。大概在想，这些外国人，一面破墙有什么好看的？

关于《逃离德黑兰》，伊朗人辩解，事实完全不像影片中那样，前副总统玛苏梅（Massoumeh Ebtekar）是当时占领使馆学生的发言人。她说自己本来期待影片能够客观公正地展现事实，但看完觉得很失望。“占领使馆的都是青年学生，当时大家都非常镇静有序，但电影把我们描绘成一群暴徒。”

示威的伊朗学生曾将一间房内的外交官用烟熏出来，发现里面有窃听设备和碎纸机。借助数台大型设备，美国人几乎可以监听所有重要人物的电话，甚至连巴列维国王的母亲都未能幸免。据说由于情况紧急，文件粉碎机因超负荷运转出现故障，许多文件只能用普通碎纸机销毁。后来伊朗组织人力，大玩拼图游戏，恢复不少机密文件，汇编成80本资料。这个情节影片中有交代，但实际应该没有那么夸张，短时间恐怕做不到吧。

最近斯诺登上演的“棱镜门”事件，让美国政府头痛不已。“没有永远的朋友，也没有永远的敌人，只有永远的利益。”大国间的博弈只遵循丛林法则。

伊朗历经异族统治，希腊人、阿拉伯人、蒙古人、突厥人，杀戮和清洗自然不可避免，但让波斯人刻骨铭心的还是文化思想的征服。今天多数伊朗人既失去了原本的拜火教，又不是正统的伊斯兰。而美国人利用文化传媒，在国际上公开抹黑伊朗，居鲁士的后人们如何咽得下这口气？

有消息说，伊朗当局认为《逃离德黑兰》歪曲了历史，丑化了伊朗人民，因此伊朗文艺主管部门准备资助拍摄一部名为《总参谋部》的电影，讲述伊朗革命者将20名人质移交给美国政府的故事。如果属实，应该很快就能看到东西方文化层面的对抗。

骑驴看唱本——走着瞧吧！

# 半截青铜雕像后面的**伊斯兰风云**

大卫的歌唇已锁，

黄莺儿用着巴列维语高歌；

“葡萄酒，葡萄酒，红的葡萄酒哟！”

把蔷薇花苍白的脸儿唱酡。

——《鲁拜集》

麦冬想去参观德黑兰大学，而我则往萨德·阿巴德（Sa’d Abad）王宫。

乘地铁1号线到“Tajrish”广场，再打车来到德黑兰最北部的雪山脚下，这里就是富人区。德黑兰人说，穷人住山下，富人住山脚，国王住山腰。萨德·阿巴德王宫就坐落在雪山腰，占地410公顷，其中约180公顷为森林、花园、草坪。山顶的积雪化成清泉，带着皇室的尊贵气息，经巴列维大街流入德黑兰的寻常百姓人家。

虽然已是六月，但山顶积雪皑皑，路边绿树垂垂。对植被稀缺的伊朗来说，这里简直就是世外桃源，许多当地人拖家带口，将王宫当作共享天伦的休闲场所。进门15万里亚尔，另外每处景点还收5万，最有代表性的是白宫和绿宫。

和城南的古列斯坦宫一样，萨德·阿巴德王宫始建于恺加王朝时期，后为巴列维的夏宫，共有18座宫室，包括国王、王后、王储、亲王等人的宫殿。伊斯兰革命后，将其中9座宫殿辟为博物馆对外开放，主要有白宫、绿宫、母亲宫、军事博物馆、自然历史博物馆、细密画博物馆、考古博物馆等。宫内原有许多奇珍异宝，据说 1979 年 2 月群众冲击王宫时，导致部分珍品流失。可见再正义的行为，也难以避免疯狂和破坏。

门卫的装束很“拉风”，大盖帽，藏青色制服，一拃宽的白色腰带，最显眼的是裤脚有半截白色套子直盖到鞋面，是不是叫“皇家卫士”？沿着宽阔的马路前行，周围简直就是森林公园，高树垂荫，芳草凝露，不时看到掩映在绿树丛中的宫室。旅行可以改变我们的世界观，譬如这皇宫、这殿堂，会不会刺激我们深埋心底的权力欲、金钱欲？尤其如我这般的房奴穷汉，难免要滋生“闹革命”、推翻“三座大山”的念头。

从外表看，白宫不过是幢普通的两层小楼。始建于 1931 年，有寝室、餐厅、礼宾厅等 54 个房间，是巴列维国王起居和议事的主要场所。门前有尊古代武士雕像，他是古波斯神射手阿拉什（Arash），腰悬短剑，弯弓搭箭，这不就是伊朗版的“后羿”吗？台阶左侧有对巨大的穿着靴子的青铜双腿——没错，只剩两条腿。这原是礼萨·汗的青铜雕像，伊斯兰革命后锯掉半截，只剩断腿。听起来残忍，但看上去就像超现实的创意作品，别有境界。

礼萨·汗根正苗红，出身于伊朗北部的农民家庭，生逢乱世，屡立战功。最后“挟天子以令诸侯”，迫使恺加末代国王去欧洲流浪，他则于 1926 年 4 月 25 日加冕登基。因采用古波斯王朝“巴列维”为家族姓氏，所以他创建的王朝也称“巴列维”。他于 1941 年 9 月 16 日被迫退位，儿子小巴列维继位，是为末代国王。礼萨·汗最终落入英国人手里，被软禁在毛里求斯，后又转移到南非约翰内斯堡。1944 年 7 月，一代枭雄因心脏病发作去世。

夏宫有两层，一楼大厅为淡绿色，清雅素洁，地板和柱子使用来自克尔曼的淡绿色大理石装成。原来 243 平方米的地毯已被收藏，事实上，现在所见也价值不菲。天花板四周悬挂打猎、战争等场景的绘画作品，题材多来自《列王记》。二楼有礼仪厅、休息室、餐厅和卧室，巴列维的卧室设计和家具陈设多来自法国，床前铺着整张虎皮，虎头正对门口。房间装潢陈设为欧式风格，钢琴、沙发、壁炉、桌椅、茶具、窗帘、吊灯等均从法国、英国、捷克、印度等国进口，还有许多伊朗和欧洲名画，以及法国的瓷器、意大利的铜雕。

这显然是小巴列维的风格，他在回忆录里说，老巴列维不喜床，而喜欢睡在地毯上。而他小时候就被送到瑞士读书，连回忆录都用法文写成。国王

◇白宫门前的礼萨青铜雕像，伊斯兰革命时被锯掉上半身，看起来有些抽象。

◇白宫，从外表看，只是幢简朴的两层小楼，为巴列维国王起居和议事的主要场所。

倒台后，许多名画和宝物随皇室成员流落海外，现在所见只是很少一部分。

宫内还陈列着各国元首、政府首脑赠送的各种贵重礼品，其中有不少我国的手工艺品。说实话，这皇宫建筑以现代的眼光来看，根本算不上豪华，也许当时已算“穷奢极欲”了。

现代伊朗的诸多政治事件与这座建筑有关。如 1953 年，美国中央情报局驻中东办事处要员、前罗斯福总统的孙子克米特（Kermit Roosevelt）曾在深夜造访白宫，与小巴列维商量如何推翻首相摩萨台。这种助纣为虐干涉内政的行为，是伊朗痛恨美国的重要原因。巴列维的改革最终失败，被迫出国避祸，最后客死开罗。他在流亡期间，著有《我对祖国的职责》《对历史的回答》等，以表达他对故国的忠诚和眷恋。我以为，巴列维的愿望是好的，可惜没有处理好世俗与宗教的关系。事实上，现在许多伊朗人仍然怀念巴列维时期。

底层主要陈列末代王后法拉赫（Farah Pahlavi）收藏的宝贝，多为外国赠送的现代艺术品。

作别白宫，寻路往绿宫（Shahvand）。碰到巴赫扎德（Bagherzade）博物馆，

◇绿宫，门前有圆形的水池。这里可以看到雪山，也能看到市区。

这里收藏法尔希奇扬捐赠的细密画。不远处有阿巴德朗·奥米德瓦尔（Abdullah Omidvar）兄弟博物馆，展出俩人自1954年起自驾吉普车环游世界的照片、实物和标本，那辆老爷车就停在门前棚子里。我的旅行与这哥儿俩相比，真是小巫见大巫。

绿宫建于恺加王朝晚期，后成为礼萨·汗的寝宫。一幢绿色盖瓦的大理石房子，比白宫小，但更精致，门前有个圆形水池，这里可远眺德黑兰市区和北面的雪山。绿宫不允许拍照，进门要穿鞋套。据说，礼萨·汗很喜欢绿宫，经常在柔软的地毯上发呆。宫内装饰偏于波斯化，大厅贴满各种几何图案的玻璃镜片，和古列斯坦宫类似。实际上，里面的陈设也来自各国，如德国的餐具、中国的瓷器，以及西方和伊朗本土名家的画作。

出门时碰到两个中国人，简单聊了几句。年长者是游客，年轻人在德黑兰工作，对伊朗非常了解，而且见解独到。后来我看到他对伊朗房产信息的报道，才知道他是新华社驻德黑兰的记者。

打车返回地铁站，准备去霍梅尼陵。

◇上：巴列维国王的卧室，床前有张虎皮。
◇下：“白头宫女在，闲坐说玄宗。”白宫里的工作人员正在“摆龙门阵”。

# 向最高领袖致敬

“不要东方，不要西方，我们只要伊斯兰！”

——霍梅尼

从德黑兰北面的老王宫到霍梅尼陵，直线距离35公里，乘地铁居然要两个多小时。

阔嘴的酒店老板穆萨维建议我们几个中国人包他的车，70万里亚尔，想着每人不过10万，便答应了。其实在路边打车不过50万，自私是人的天性，被穆萨维钻了空子。我原想带着行李到霍梅尼陵，参观完就近去机场，可既然和大家同行，又要返回客栈，时间便有些紧张。

霍梅尼陵位于市区南郊15公里处，地铁1号线终点站。车厢里有卖糖果的小贩，衣着破旧，可见生存之艰难。好心人买了，分发给乘客，这样的善举，让人感动。伊朗街头有许多捐款箱，鼓励人们扶贫济困，助人为善。另外，什叶派穆斯林还有项重要的义务——“五一税”，即将某些财产的五分之一上缴给真主。

出地铁站口，就看到规模恢宏的建筑群，懒洋洋的国旗，高耸的宣礼塔，银色和蓝色的圆顶。实际上，这片建筑叫贝赫什特－扎赫拉（Behesht-e-Zahra）烈士陵园，霍梅尼陵只是其中一部分，因为他的存在，掩盖了其他烈士的光芒。

其祖父出生于印度北方邦，1839年移居伊朗德黑兰附近的霍梅恩（Khomein）镇。霍梅尼登上政治舞台前在伊拉克的纳杰夫和库姆神学院担任

◇白宫里的这幅壁画描绘残酷的战争场面，似乎能听到弓弦激荡的声音。

讲师，教授政治哲学、伊斯兰历史及伦理，为伊斯兰什叶派的顶尖学者。前宗教领袖离世后，他取得领导地位。

太阳像个火炉，地面似乎要冒出烟来，陵墓的金色拱顶和四个宣礼塔光芒四射。穿过一座带着喷泉的花园，赶紧躲到阴凉里。陵园于 1989 年 6 月开始动工，至今没有竣工，四周搭满脚手架，显然还在建设中。据说整个建筑群将超过 20 平方公里，包括大学、商场、医院，学校等。伊朗的建筑动辄花几十年，颇令人费解。

巴列维王朝世俗化的统治和“白色革命”，影响到保守派宗教人士的利益，霍梅尼以强硬措辞抨击国王及他的改革计划。随着矛盾升级，他被迫在外流亡了 14 年。此后伊朗国内的抗争暴乱愈演愈烈，巴列维于 1979 年 1 月 17 日离开伊朗，再也没有回来。两周后霍梅尼返回国内，组建新政府，成立了伊朗伊斯兰共和国。

陵墓位于建筑群中央，由他的孙子哈桑·霍梅尼（Hasan Khomeini）负责照看 。西边广场以霍梅尼长子穆斯塔法·霍梅尼（Mostafa Khomeini）命名，东边为烈士广场。

他说：“男女穆斯林应知道，美国和以色列所反对的是伊斯兰教，因为他们认为，伊斯兰教、《古兰经》和‘圣训’妨碍他们掠夺资源。”

工作人员示意不允许带包和相机，我只好将其存起来。墓室内部以大理石装修，铺着精致的地毯。霍梅尼和他第二个儿子艾哈迈德·霍梅尼（Ahmad

◇霍梅尼陵前，一位身着黑色罩袍的伊斯兰妇女带着两个小女孩低头匆匆走过。

Khomeini）的石墓放在镀金圆顶下方的绿色玻璃罩内，石墓为长方形，上面覆盖绿色的毡毯，放着父子俩的肖像和《古兰经》。圆顶分三层，代表霍梅尼不同的人生阶段。

霍梅尼于1989年6月3日因病去世，享年88岁。伊朗人“完全自发和真诚地倾泻出悲伤的情怀”，涌到城市和街道上哀悼。约200万人参加他的葬礼，以致破坏了棺椁，葬礼被迫中止；第二次葬礼加强了保安，遗体才运送至墓地。他有七名儿女，其中两名夭折。老大于流亡期间死于纳杰夫，老二死于1995年，年仅49岁，谣传均系被谋杀。据说，陵墓完全由伊朗人自发捐款修建，没让政府花钱。不过还是有人搞破坏，伊朗官方媒体报道，2009年6月20日，霍梅尼陵附近发生了一起自杀式炸弹爆炸事件。

陵墓本身就是清真寺，里面空间宽敞，有人正在礼拜、祈祷，也有人在睡觉。据说，夜晚允许穷人和无家可归者栖身，基本符合霍梅尼所宣扬的“帮助贫困阶层能获得今后两世的幸福”。如是，理应向这位最高领袖致敬。

我用手机拍了几张相片，便赶紧出门，返回酒店，与大家赶赴机场。

机场有土特产店，正好花掉所有的里亚尔。其实，也仅换来两罐“皮斯泰”，也就是开心果（Pistachio）。不知怎的，中国典籍将这干果称作“阿月浑子”。《本草拾遗》记录：“阿月浑子……生西国诸蕃，云与胡榛子同树，一岁榛子，二岁浑子也。”“阿月浑子”大概是古波斯语音译。干果外壳开裂，所谓“开心”，倒也寓意双关。开心果与藏红花、波斯地毯，堪称伊朗的“吉祥三宝”。

在候机楼遇到栀子她们。实际上，周围都是熟面孔。旅程结束，也许深受伊朗人的影响，改变显而易见。原本陌生的人，此时也不再拘束，相互问候，共享旅途中的逸闻趣事。

登上飞机，佩兰和我同排，还没坐稳，她却说手机不见了。十有八九在安检时忘记拿回，我找到机组人员，说明原委，一位略显富态的空姐让我稍等。未几，地勤人员果真带来手机，让我签收。在伊朗，似乎不用担心丢东西。

德黑兰的灯火已然远去，但是，客舱里的气氛与来时大相径庭，几个中国游客正在教伊朗人说广东话呢。

# 我的行程单

伊朗伊斯兰共和国地处中亚干燥高原，国土面积 163.6 万平方公里，人口超过 7133 万，官方语言为波斯语，首都德黑兰。伊朗东西南北温差较大，春秋两季适合旅游。到伊朗旅游，应遵守当地习俗，男子不得穿短裤；女士需包戴头巾，外套长过臀部。

北京、上海、广州、乌鲁木齐等地可直飞德黑兰，伊朗马汉航空不定期推出上海、广州到德黑兰的特价票，代办签证，一张表格两张相片。伊朗近期对中国游客实行落地签证，请关注相关网站。伊朗货币为里亚尔（Rial），当时 1 美元换 3.5 万里亚尔，行前请注意汇率变化。抵达后到机场出境大厅换钱，汇率较入境大厅高，一般换够到市区的车费即可。

伊朗版图像只乌龟，15 天想东西南北中都走到，确实有点匆忙。下面这个行程路线还算合理，除了舒什，我基本都走完了，相信您也可以。

◇德 黑 兰

初到伊朗，通常打车到市中心霍梅尼广场，先到菲尔多西（Ferdowsi）大街换钱，著名的伊朗珍宝馆就在附近。古列斯坦（Golestan）宫、国家博物馆、大巴扎（Bazaar）等皆可步行参观。

晚上乘火车或者飞机往马什哈德。

◇马什哈德

马什哈德最主要的景点是礼萨圣地（Haram-e Rezavi），傍晚进入最好，圣陵灯火通明，可以现场感受庄严的伊斯兰宗教生活。另外菲尔多西墓、菲尔多西大学也不可错过。大巴扎里可购藏红花。

◇内沙布尔

人多可包车前往，约 120 万里亚尔。参观哈雅姆（Omar Khayyam）墓、阿塔尔（Muhammad Attar）墓、骆驼驿站、大巴扎，及建于 9 世纪的沙迪赫（Shadyakh）城郭遗址。这里盛产绿松石，购买时请辨别真伪。

当晚从马什哈德飞大不里士。

◇大不里士

主要景点世界遗产大巴扎，然后蓝色清真寺、阿塞拜疆博物馆、天主教堂、阿尔格（Arg-e）遗址、古兰经博物馆、诗人纪念塔、恺加博物馆等。大不里士的波斯地毯闻名天下。

◇大不里士

早上去岩石村坎得万（Kandovan），村子距大不里士 20 多公里，可以坐公共汽车到小镇奥斯库（Osku），再乘出租车前往，回程时不妨去当地人推荐的戈利（El-Goli）公园转一圈。

下午坐巴士去哈马丹。

◇哈 马 丹

哈巴丹石狮（Shir-e-Sangi）、米底王国的藏宝书甘吉纳麦（Ganjnameh）、巴巴 · 塔赫（Baba Taher）广场、阿维森纳（Avicenna）陵墓、犹太圣墓（Esther & Mordecai Tomb）、赫格玛塔纳（Hegmataneh）山的米底王国古城遗址。

当夜乘巴士到舒什。

◇舒　　什

舒什（Shush）曾叫苏萨（Susa）。游览古城，参谒但以理（Daniel）墓，再去乔加 · 赞比尔（Choqa Zanbil）千年地穴，舒什特尔（Shushtar）的古老水利系统，随后坐车到阿瓦士（Ahvaz），乘夜班车去设拉子。

◇设 拉 子

游览设拉子老城，萨迪（Sa’ di）墓、哈菲兹（Hafez）墓、天国（Iram）花园、卡里姆汗（Arg-e Karim Khan）城堡、人民巴扎等，辛苦这么多天，晚上去设拉子最好的哈夫特汗（Haft Khan）餐馆享受“烤爸爸”。

◇设 拉 子

早晨去粉红（Nasir al-Mulk）清真寺，光线非常漂亮，然后包车（约 120 万里亚尔）参观法尔斯北部的四个古迹，出城时可看一眼古兰经城门。由远而近，帕萨尔高德（Pasargadae）、纳克歇 · 鲁斯塔姆（Naqsh-e Rustam）、纳克歇 · 纳贾巴（Naqsh-e Rajab）和波斯波利斯（Persepolis）。不妨下午去，七八个小时足够，最好能在波斯波利斯看落日。

乘夜巴士到亚兹德。

◇亚 兹 德

迷失在亚兹德的巷子里，老城有条徒步线路，包括阿米尔 · 恰赫马格（Amir Chakhmagh）清真寺、水博物馆、赛义德 · 罗纳丁（Seyyed Roknaddin）陵墓、星期五清真寺、钱币博物馆、亚历山大监狱及沿途各种古老的波斯民居，傍晚打车去拜火教圣祠阿塔什卡德（Atashkadeh）及郊外的寂静塔（Dakhmeh-ye Zartoshtiyun）。

◇亚 兹 德

包车去梅博德（Meybod）古城、恰克恰克（Chak Chak）、哈拉纳克（Kharanaq）。丝路旅馆的特产是骆驼肉，吃货们可以去尝个鲜。

许多游客会在亚兹德多留一天，如时间紧，晚上乘巴士到伊斯法罕。

◇伊斯法罕

除伊玛目广场、四十柱宫（Chehel Sotun），沿巴扎有条徒步线路，沿途参观古老的哈基姆（Hakim）清真寺、恢宏的星期五清真寺，以及经学院等景点。午餐后城南参观亚美尼亚人的旺克（Vank）大教堂，然后徒步去扎扬黛（Zayandeh）河，看傍晚时分的三十三孔（Sio Seh Pol）桥和哈柱（Khaju）桥。回程不妨再去伊玛目广场，灯光下也许有意外的惊喜。

◇伊斯法罕

休闲的一天，相对于伊朗别处，伊斯法罕不是很愉快，但却是购物天堂。也有人从伊斯法罕去卡尚（Kashan），然后直接回到德黑兰国际机场。

◇德 黑 兰

如果坐汽车到德黑兰，可就近去德黑兰自由（Azadi）广场逛一圈，然后再去住宿。乘地铁去参观前美国大使馆和城北的老王宫（Sa’ d Abad）。还有时间的话，不妨去看地毯博物馆、德黑兰大学等。

◇回　　程

背起行囊，准备踏上归程。乘地铁去参观霍梅尼（Khomeini）陵，这里距国际机场不远，打车 30 万里亚尔。

10 天左右的行程，多数人通常选择德黑兰、设拉子、亚兹德、伊斯法罕、卡尚、库姆，最后回到德黑兰，比较轻松，好像也不错。

（京）新登字083号

图书在版编目（CIP）数据
伊朗，五月的蔷薇/ 小重山著.—北京：中国青年出版社，2014.7
ISBN 978-7-5153-2420-3

I. ①伊… II. ①小… III. ①旅游指南—伊朗 IV. ①K937.39
中国版本图书馆 CIP数据核字（2014）第096902号

责任编辑：李 茹 liruice@263.net
封扉设计：华 夏

出版发行：中国青年出版社
社 址：北京东四十二条21号
邮 编：100708
网 址：www.cyp.com.cn
营 销：010-57350517 57350522 57350524
编辑电话：010-57350508
印 刷：北京科信印刷有限公司
经 销：新华书店
规 格：700×1000 1/16
印 张：18.25
字 数：279千字
印 数：1-6000册
版 次：2014年7月北京第1版
印 次：2014年7月北京第1次印刷
定 价：46.00元